Inhaltsverzeichnis

Artemis Saage

Reich werden an der Börse: Vermögensaufbau mit Aktien, ETFs und Dividenden

Der praxisnahe Leitfaden für langfristigen Vermögensaufbau - Von Börsenpsychologie über Anlagestrategien bis zum nachhaltigen Vermögensschutz

176 Quellen
2 Fotos / Grafiken
17 Illustrationen

Impressum

Saage Media GmbH
c/o SpinLab – The HHL Accelerator
Spinnereistraße 7
04179 Leipzig, Germany
E-Mail: contact@SaageMedia.com
Web: SaageMedia.com
Commercial Register: Local Court Leipzig, HRB 42755 (Handelsregister: Amtsgericht Leipzig, HRB 42755)
Managing Director: Rico Saage (Geschäftsführer)
VAT ID Number: DE369527893 (USt-IdNr.)

Publisher: Saage Media GmbH
Veröffentlichung: 01.2025
Umschlagsgestaltung: Saage Media GmbH
ISBN-Softcover: 978-3-384-47717-0
ISBN-Ebook: 978-3-384-47718-7

Rechtliches / Hinweise

Liebe Leserinnen, liebe Leser,

von Herzen danke ich Ihnen, dass Sie sich für dieses Buch entschieden haben. Mit Ihrer Wahl haben Sie mir nicht nur Ihr Vertrauen geschenkt, sondern auch einen Teil Ihrer wertvollen Zeit. Das weiß ich sehr zu schätzen.
In einer Zeit, in der klassische Sparformen kaum noch Rendite bringen, wird der Vermögensaufbau an der Börse zum zentralen Thema der privaten Finanzplanung. Viele Menschen möchten an den Chancen der Finanzmärkte teilhaben, scheuen aber das vermeintliche Risiko oder fühlen sich von der Komplexität der Börse überfordert. Dieses Praxishandbuch zeigt systematisch und verständlich, wie Sie Schritt für Schritt ein robustes Investmentportfolio aufbauen können. Sie lernen die wichtigsten Anlageformen von Aktien über ETFs bis zu Dividendenwerten kennen und erfahren, wie Sie diese gewinnbringend kombinieren. Das Buch vermittelt bewährte Strategien zur Asset Allocation, zum Risikomanagement und zur steuereffizienten Portfoliostrukturierung - immer mit Blick auf langfristigen Vermögensaufbau. Mit diesem Leitfaden entwickeln Sie das nötige Grundverständnis und die mentale Stärke für erfolgreiche Börseninvestments, während Sie typische Anlegerfehler vermeiden. Nutzen Sie die Kraft der Finanzmärkte für Ihren persönlichen Vermögensaufbau - dieses Buch gibt Ihnen das notwendige Rüstzeug für den Start in Ihre finanzielle Unabhängigkeit.
Ich wünsche Ihnen nun eine inspirierende und aufschlussreiche Lektüre. Sollten Sie Anregungen, Kritik oder Fragen haben, freue ich mich über Ihre Rückmeldung. Denn nur durch den aktiven Austausch mit Ihnen, den Lesern, können zukünftige Auflagen und Werke noch besser werden. Bleiben Sie neugierig!

Artemis Saage
Saage Media GmbH

- support@saagemedia.com
- Spinnereistraße 7 - c/o SpinLab – The HHL Accelerator, 04179 Leipzig, Germany

Einleitung

Um Ihnen die bestmögliche Leseerfahrung zu bieten, möchten wir Sie mit den wichtigsten Merkmalen dieses Buches vertraut machen. Die Kapitel sind in einer logischen Reihenfolge angeordnet, sodass Sie das Buch von Anfang bis Ende durchlesen können. Gleichzeitig wurde jedes Kapitel und Unterkapitel als eigenständige Einheit konzipiert, sodass Sie auch gezielt einzelne Abschnitte lesen können, die für Sie von besonderem Interesse sind. Jedes Kapitel basiert auf sorgfältiger Recherche und ist durchgehend mit Quellenangaben versehen. Sämtliche Quellen sind direkt verlinkt, sodass Sie bei Interesse tiefer in die Thematik eintauchen können. Auch die im Text integrierten Bilder sind mit entsprechenden Quellenangaben und Links versehen. Eine vollständige Übersicht aller Quellen- und Bildnachweise finden Sie im verlinkten Anhang. Um die wichtigsten Informationen nachhaltig zu vermitteln, schließt jedes Kapitel mit einer prägnanten Zusammenfassung. Fachbegriffe sind im Text unterstrichen dargestellt und werden in einem direkt darunter platzierten, verlinkten Glossar erläutert.

Für einen schnellen Zugriff auf weiterführende Online-Inhalte können Sie die QR-Codes mit Ihrem Smartphone scannen.

Zusätzliche Bonus-Materialien auf unserer Website

Auf unserer Website stellen wir Ihnen folgende exklusive Materialien zur Verfügung:

- Bonusinhalte und zusätzliche Kapitel
- Eine kompakte Gesamtzusammenfassung
- Eine PDF-Datei mit allen Quellenangaben
- Weiterführende Literaturempfehlungen

Die Website befindet sich derzeit noch im Aufbau.

SaageBooks.com/de/vermoegensaufbau_an_der_boerse-bonus-P79QZ1

1. Grundlagen des Vermögensaufbaus

Der Aufbau von Vermögen an der Börse ist ein komplexes Unterfangen, das weit mehr erfordert als nur die Auswahl der richtigen Wertpapiere. Doch was macht erfolgreiche Anleger wirklich aus? Wie gelingt es ihnen, auch in turbulenten Marktphasen einen kühlen Kopf zu bewahren und systematisch Vermögen aufzubauen? Die Grundlagen des Vermögensaufbaus umfassen verschiedene Aspekte - von der emotionalen Kontrolle über langfristiges Denken bis hin zur richtigen Diversifikation mit unterschiedlichen Anlageklassen. Dabei spielen nicht nur die technischen Kenntnisse eine wichtige Rolle, sondern auch die persönliche finanzielle Ausgangssituation und individuelle Ziele. Besonders herausfordernd ist die Frage, wie sich theoretisches Wissen in die Praxis umsetzen lässt. Wie findet man die richtige Balance zwischen Aktien, ETFs, Anleihen und alternativen Investments? Welche Rolle spielen dabei die persönliche Risikobereitschaft und zeitliche Perspektive? Die folgenden Kapitel beleuchten systematisch die verschiedenen Bausteine des Vermögensaufbaus und zeigen anhand konkreter Beispiele, wie sich eine nachhaltige Anlagestrategie entwickeln lässt. Dabei wird deutlich: Erfolgreiches Investieren ist erlernbar - vorausgesetzt man versteht die grundlegenden Prinzipien und ist bereit, diese konsequent anzuwenden.

1. 1. Börsenpsychologie und Mindset

Die Börse ist ein Ort, an dem nicht nur Kurse und Kennzahlen eine Rolle spielen, sondern vor allem die menschliche Psyche. Warum treffen selbst erfahrene Anleger manchmal irrationale Entscheidungen? Weshalb fällt es vielen Menschen so schwer, an einmal getroffenen Anlagestrategien festzuhalten? Die Börsenpsychologie befasst sich mit den mentalen Prozessen und emotionalen Herausforderungen, die das Anlegerverhalten beeinflussen. Sie untersucht, wie Gefühle wie Angst und Gier unsere Investitionsentscheidungen prägen und welche psychologischen Fallen auf dem Weg zum Anlageerfolg lauern. Dabei geht es um zentrale Fragen: Wie entwickelt man die nötige emotionale Stabilität für langfristigen Erfolg an der Börse? Welche Rolle spielt die individuelle Risikobereitschaft bei der Wahl der richtigen Anlagestrategie? Die Erkenntnisse der Verhaltensökonomie zeigen, dass erfolgreiche Geldanlage zu 80% von der richtigen mentalen Einstellung abhängt - und nur zu 20% von konkretem Fachwissen. Ein tieferes Verständnis der eigenen Psyche und typischer Verhaltensmuster ist daher der Schlüssel zu besseren Anlageentscheidungen.

> *„Menschen empfinden den Schmerz eines Verlustes etwa doppelt so stark wie die Freude über einen gleichwertigen Gewinn.“*

1. 1. 1. Emotionale Kontrolle beim Investieren

Die emotionale Kontrolle beim Investieren ist einer der wichtigsten, aber auch herausforderndsten Aspekte für erfolgreiche Anlageentscheidungen. Wissenschaftliche Untersuchungen zeigen, dass etwa 95% unserer Handlungen unbewusst ablaufen und häufig zu wiederholten Fehlern führen können [s1]. Dies macht deutlich, wie wichtig es ist, die eigenen emotionalen Reaktionen zu verstehen und zu kontrollieren. Besonders problematisch sind dabei zwei dominante emotionale Extreme: Angst und Gier. Diese fundamentalen Emotionen können Anleger dazu verleiten, genau das Gegenteil dessen zu tun, was rational sinnvoll wäre [s2]. Ein klassisches Beispiel ist das Phänomen, dass viele Anleger in euphorischen Marktphasen zu Höchstkursen kaufen und in Panikphasen zu Tiefstständen verkaufen [s3]. Dies wird noch verstärkt durch das sogenannte Herdenverhalten, bei dem Anleger dazu neigen, den Handlungen der Masse zu folgen, ohne die eigentlichen Gründe zu hinterfragen [s4]. Die Verhaltensökonomie hat verschiedene psychologische Muster identifiziert, die unser Investitionsverhalten beeinflussen. Ein besonders wichtiges Konzept ist die Verlustaversion: Menschen empfinden den Schmerz eines Verlustes etwa doppelt so stark wie die Freude über einen gleichwertigen Gewinn [s5]. Dies kann dazu führen, dass Anleger verlustbringende Positionen zu lange halten, in der Hoffnung auf eine Erholung, während sie Gewinne zu früh realisieren. Um diese emotionalen Fallen zu vermeiden, gibt es verschiedene praktische Strategien: 1. Entwicklung eines strukturierten Handelsplans: Legen Sie vorab fest, unter welchen Bedingungen Sie kaufen und verkaufen werden. Ein solcher Plan sollte schriftlich fixiert und in ruhigen Zeiten erstellt werden [s6]. 2. Führen eines Trading-Tagebuchs: Dokumentieren Sie nicht nur Ihre Trades, sondern auch Ihre emotionalen Zustände während der Entscheidungsfindung. Dies hilft, Muster zu erkennen und aus Fehlern zu lernen [s4]. 3. Implementierung von Stop-Loss-Orders: Diese technische Maßnahme kann helfen, emotionale Entscheidungen in Verlustsituationen zu vermeiden [s4]. 4. Anwendung der Durchschnittskostenmethode: Statt alles auf einmal zu investieren, können regelmäßige, kleinere Investitionen die emotionale Belastung reduzieren [s3]. Ein weiterer wichtiger Aspekt ist das Phänomen der Überextrapolation, bei dem Anleger dazu neigen, aktuelle Trends übermäßig in die Zukunft fortzuschreiben [s7]. Dies kann zu übertriebenen Erwartungen in Bullenmärkten und übermäßigem Pessimismus in

Bärenmärkten führen. Moderne Forschung zeigt auch, dass Meditation und Achtsamkeitsübungen effektive Werkzeuge sein können, um die emotionale Reaktivität zu reduzieren [s4]. Diese Praktiken können helfen, einen klareren Kopf zu bewahren, wenn Märkte volatil sind.

Die "Fear of Missing Out" (FOMO) und "Fear, Uncertainty, Doubt" (FUD) sind weitere emotionale Zustände, die Anleger zu übereilten Entscheidungen verleiten können [s2]. Um dem entgegenzuwirken, ist es wichtig, sich auf die eigene Anlagestrategie zu konzentrieren und nicht ständig auf die Aktivitäten anderer Marktteilnehmer zu schauen. Ein oft unterschätzter Aspekt ist die Bedeutung der Selbstreflexion. Das Verständnis der eigenen psychologischen Eigenschaften und Trigger-Punkte kann helfen, typische Handelsfehler wie Übertrading und unzureichende Diversifikation zu vermeiden [s8]. Behavioral Finance lehrt uns, dass die Integration von psychologischen Faktoren in die Finanzanalyse zu einem realistischeren Verständnis der Märkte führt [s9]. Dies bedeutet auch, dass erfolgreiche Anleger nicht nur technische und fundamentale Analyse beherrschen müssen, sondern auch ihre eigenen emotionalen Reaktionen verstehen und kontrollieren sollten. Die Entwicklung emotionaler Kontrolle ist ein fortlaufender Prozess, der Zeit und Übung erfordert. Experten empfehlen, mit kleinen Positionen zu beginnen und diese erst zu vergrößern, wenn man seine emotionalen Reaktionen besser unter Kontrolle hat [s1].

Fear [i1]

Glossar

Behavioral Finance
Ein Forschungsgebiet, das die Einflüsse von psychologischen und soziologischen Faktoren auf das Finanzverhalten von Einzelpersonen und Institutionen untersucht. Es zeigt auf, dass Menschen oft irrational und emotional statt rein logisch handeln.

Fear of Missing Out
Ein psychologisches Phänomen, bei dem Menschen Angst haben, soziale oder wirtschaftliche Chancen zu verpassen. Im Börsenkontext kann dies zu überstürzten Kaufentscheidungen führen, besonders bei stark steigenden Kursen.

Fear, Uncertainty, Doubt
Eine Marketingstrategie, die gezielt Ängste, Unsicherheiten und Zweifel streut, um das Verhalten von Menschen zu beeinflussen. An der Börse oft durch gezielte Falschinformationen oder übertriebene Negativnachrichten verbreitet.

Überextrapolation
Ein kognitiver Fehler bei der Zukunftsprognose, bei dem aktuelle Entwicklungen zu stark in die Zukunft projiziert werden, ohne mögliche Trendänderungen zu berücksichtigen.

1. 1. 2. Langfristiges Denken entwickeln

Langfristiges Denken an der Börse ist ein fundamentaler Erfolgsfaktor, der sich deutlich von kurzfristigen Spekulationen unterscheidet. Die Entwicklung dieser Denkweise erfordert ein tiefgreifendes Verständnis verschiedener psychologischer und praktischer Aspekte [s10]. Ein wesentlicher Punkt dabei ist die Erkenntnis, dass nachhaltige Vermögensbildung Zeit braucht und nicht durch hektisches Handeln beschleunigt werden kann. Die Macht des Zinseszinseffekts spielt hierbei eine zentrale Rolle. Kleine, aber konstante Investitionen können über längere Zeiträume erstaunliche Ergebnisse erzielen [s11]. Ein praktisches Beispiel verdeutlicht dies: Eine monatliche Investition von 300 Euro kann bei einer durchschnittlichen jährlichen Rendite von 7% nach 30 Jahren zu einem Vermögen von über 340.000 Euro heranwachsen. Diese Perspektive hilft dabei, kurzfristige Marktschwankungen gelassener zu betrachten. Ein wichtiger Aspekt des langfristigen Denkens ist die Fokussierung auf Qualität statt Quantität [s12]. Dies bedeutet konkret, sich auf Unternehmen zu konzentrieren, die über starke Wettbewerbsvorteile verfügen und nachhaltige Geschäftsmodelle aufweisen. Warren Buffett bezeichnet dies als "wirtschaftliche Burggräben" - Eigenschaften, die ein Unternehmen vor Konkurrenz schützen und langfristige Profitabilität sichern. Die Entwicklung eines langfristigen Mindsets erfordert auch die Fähigkeit, mit Verlusten umzugehen [s13]. Statt diese als Katastrophe zu betrachten, sollten sie als Lernchancen gesehen werden. Ein praktischer Ansatz ist die Führung eines Investmenttagebuchs, in dem nicht nur Trades, sondern auch die zugrundeliegenden Überlegungen dokumentiert werden. Experten empfehlen einen Anlagehorizont von mindestens 10 Jahren [s14]. Diese Zeitspanne ermöglicht es, kurzfristige Marktschwankungen auszusitzen und von der langfristigen Wertsteigerung zu profitieren. Ein bewährter Ansatz ist das regelmäßige Investieren durch Sparpläne, wodurch das Risiko ungünstiger Einstiegszeitpunkte minimiert wird. Die Transformation vom Konsumenten zum Investor ist ein wichtiger Schritt [s15]. Dies bedeutet, Produkte und Dienstleistungen nicht nur zu konsumieren, sondern auch in die dahinterstehenden Unternehmen zu investieren. Wenn Sie beispielsweise regelmäßig bei Amazon einkaufen oder Apple-Produkte nutzen, könnte es sinnvoll sein, auch Aktien dieser Unternehmen zu besitzen. Flexibilität und Anpassungsfähigkeit sind dabei keine Widersprüche zum langfristigen Denken [s11]. Märkte und Unternehmen verändern sich, weshalb regelmäßige Überprüfungen der Investmentthesen wichtig sind. Dies bedeutet nicht, bei jeder Marktschwankung zu handeln, sondern fundamentale Veränderungen zu erkennen und darauf angemessen zu reagieren. Die Fähigkeit, zwischen wertvollen und unbezahlbaren Dingen zu unterscheiden [s11], hilft dabei, emotionale Entscheidungen zu vermeiden. Ein praktischer Tipp ist die Entwicklung einer persönlichen Investmentphilosophie, die schriftlich festgehalten wird und als Leitfaden in turbulenten Zeiten dient. Geduld und Disziplin sind zentrale Tugenden des langfristigen Investors [s12]. Dies bedeutet auch, dem Drang zu widerstehen, ständig das Portfolio zu überprüfen oder auf jeden Marktrumor zu reagieren. Eine bewährte Strategie ist es, feste Zeiten für Portfolioüberprüfungen festzulegen, beispielsweise quartalsweise. Die Entwicklung eines langfristigen Denkens ist ein kontinuierlicher Prozess, der Zeit und bewusste Übung erfordert [s10]. Es geht darum, ein tiefes Verständnis für die eigenen finanziellen Ziele zu entwickeln und diese mit der gewählten Anlagestrategie in Einklang zu bringen. Regelmäßige Reflexion und die Bereitschaft, aus Erfahrungen zu lernen, sind dabei unerlässlich.

Glossar

Investmentthese
Detaillierte Begründung und Analyse, warum eine bestimmte Anlageentscheidung getroffen wird, basierend auf verschiedenen Faktoren wie Marktposition, Wachstumspotenzial und Risiken.

wirtschaftliche Burggräben
Einzigartige Marktvorteile eines Unternehmens wie Patente, Markenrechte oder Netzwerkeffekte, die schwer von Konkurrenten kopiert werden können und dauerhafte Wettbewerbsvorteile sichern.

Zinseszinseffekt
Mathematisches Prinzip, bei dem nicht nur auf das ursprüngliche Kapital Zinsen berechnet werden, sondern auch auf bereits erhaltene Zinsen. Dies führt zu einem exponentiellen Wachstum des Vermögens.

1. 1. 3. Risikobereitschaft und persönliche Grenzen

Die individuelle Risikobereitschaft und das Verständnis der eigenen Grenzen sind fundamentale Aspekte für erfolgreiches Investieren an der Börse. Wissenschaftliche Studien zeigen, dass die Risikowahrnehmung und -bereitschaft stark von demografischen Faktoren wie Alter, Geschlecht und Einkommen beeinflusst werden [s16]. Diese Erkenntnis ist besonders wichtig für die Entwicklung einer maßgeschneiderten Anlagestrategie. Ein praktisches Beispiel verdeutlicht dies: Ein 30-jähriger Berufseinsteiger mit regelmäßigem Einkommen und ohne finanzielle Verpflichtungen kann typischerweise eine höhere Risikobereitschaft aufweisen als ein 55-jähriger Familienvater, der für das Studium seiner Kinder vorsorgen muss. Diese unterschiedlichen Lebensumstände erfordern verschiedene Anlagestrategien und Risikoprofile. Die Einschätzung der persönlichen Risikobereitschaft sollte dabei nicht statisch sein, sondern regelmäßig überprüft und angepasst werden [s17]. Ein bewährter Ansatz ist die Durchführung eines detaillierten Risikoprofil-Assessments, das folgende Aspekte berücksichtigt: 1. Finanzielle Situation (Einkommen, Vermögen, Verbindlichkeiten) 2. Zeitlicher Anlagehorizont 3. Investitionsziele 4. Erfahrung mit verschiedenen Anlageformen 5. Emotionale Belastbarkeit bei Verlusten Besonders interessant ist die Beobachtung, dass externe Ereignisse wie die COVID-19-Pandemie die Risikobereitschaft von Investoren signifikant beeinflussen können [s18]. Dies zeigt sich in unterschiedlichen Reaktionen verschiedener Märkte und Anlegergruppen auf Krisensituationen. Ein praktischer Ansatz zur Risikokontrolle ist die Implementierung einer persönlichen "Risiko-Ampel": Grün: Investments, bei denen Sie auch bei temporären Verlusten ruhig schlafen können Gelb: Investments, die Sie beunruhigen, aber noch tolerierbar sind Rot: Investments, die Ihre persönliche Risikogrenze überschreiten

Die Entwicklung kognitiver Illusionen und emotionaler Reaktionen kann die Fähigkeit zu rationalen Entscheidungen beeinträchtigen [s16]. Um dem entgegenzuwirken, ist es sinnvoll, klare Handlungsrichtlinien festzulegen:

- Maximale Positionsgrößen definieren
- Stop-Loss-Levels im Voraus festlegen
- Diversifikationsziele quantifizieren
- Rebalancing-Intervalle bestimmen

Ein effektives Instrument zur Risikominimierung ist die Durchschnittskostenmethode [s19]. Statt große Einmalinvestitionen zu tätigen, wird das Investitionsvolumen über mehrere Zeitpunkte verteilt. Ein Beispiel: Anstatt 12.000 Euro auf einmal zu investieren, werden monatlich 1.000 Euro angelegt. Dies reduziert das Risiko, zu einem ungünstigen Zeitpunkt einzusteigen. Die Erkenntnis, dass jüngere Investoren tendenziell eine höhere Risikobereitschaft aufweisen [s16], sollte nicht zu übermütigen Entscheidungen verleiten. Stattdessen empfiehlt sich ein schrittweiser Aufbau des Portfolios, bei dem die Risikokomponente graduell erhöht wird. Ein wichtiger Aspekt ist auch die Unterscheidung zwischen wahrgenommenem und tatsächlichem Risiko. Oft werden vermeintlich sichere Anlagen wie Sparbücher unterschätzt, da sie dem schleichenden Inflationsrisiko unterliegen. Andererseits werden Aktieninvestments häufig als zu riskant eingeschätzt, obwohl sie langfristig oft die beste Wahl für den Vermögensaufbau darstellen.

Die Entwicklung eines gesunden Verhältnisses zu Risiko und persönlichen Grenzen ist ein kontinuierlicher Prozess. Dabei hilft es, regelmäßig folgende Fragen zu reflektieren:

- Wie haben sich meine Lebensumstände verändert?
- Sind meine Anlageziele noch realistisch?
- Entspricht meine aktuelle Strategie meiner Risikobereitschaft?
- Welche Lehren habe ich aus vergangenen Entscheidungen gezogen?

Die Berücksichtigung dieser Aspekte ermöglicht es, eine nachhaltige und individuell passende Anlagestrategie zu entwickeln, die sowohl die persönliche Risikobereitschaft als auch die eigenen Grenzen respektiert.

Glossar

Durchschnittskostenmethode

Auch Cost-Average-Effect genannt - eine Anlagestrategie, bei der durch regelmäßige Investitionen gleicher Höhe Kursschwankungen ausgeglichen werden. Besonders effektiv in volatilen Märkten zur Reduzierung des Timing-Risikos.

Kognitive Illusion

Systematische Denkfehler im Gehirn, die zu verzerrten Wahrnehmungen der Realität führen. Im Börsenkontext können sie beispielsweise zur Überschätzung der eigenen Fähigkeiten oder zur selektiven Wahrnehmung von Informationen führen.

Risikoprofil-Assessment

Ein standardisiertes Bewertungsverfahren zur Ermittlung der individuellen Risikotoleranz eines Anlegers, basierend auf psychologischen und finanziellen Faktoren. Wird oft durch spezialisierte Fragebögen und Scoring-Systeme durchgeführt.

Zusammenfassung - 1. 1. Börsenpsychologie und Mindset

- 95% unserer Handlungen laufen unbewusst ab und führen oft zu wiederholten Fehlern beim Investieren
- Menschen empfinden den Schmerz eines Verlustes etwa doppelt so stark wie die Freude über einen gleichwertigen Gewinn
- Meditation und Achtsamkeitsübungen können nachweislich die emotionale Reaktivität bei Börsenentscheidungen reduzieren
- Eine monatliche Investition von 300 Euro kann bei 7% Rendite nach 30 Jahren zu über 340.000 Euro anwachsen
- Experten empfehlen einen Mindestanlagehorizont von 10 Jahren für nachhaltige Börseninvestments
- Die Risikowahrnehmung wird stark von demografischen Faktoren wie Alter, Geschlecht und Einkommen beeinflusst
- Die COVID-19-Pandemie hat die Risikobereitschaft von Investoren signifikant und messbar verändert
- Jüngere Investoren weisen statistisch eine höhere Risikobereitschaft auf als ältere
- Die Durchschnittskostenmethode reduziert nachweislich das Timing-Risiko bei Markteinstiegen
- Kognitive Illusionen können die Fähigkeit zu rationalen Investmententscheidungen systematisch beeinträchtigen

1. 2. Finanzielle Basis schaffen

Die finanzielle Basis ist das Fundament für jeden erfolgreichen Vermögensaufbau an der Börse. Doch wie lässt sich systematisch ein solides finanzielles Polster aufbauen? Welche Strategien haben sich in der Praxis bewährt? Und welche Rolle spielen dabei die Optimierung von Ausgaben, der Aufbau eines Notgroschens und die Diversifizierung von Einkommensquellen? Die Antworten auf diese Fragen sind entscheidend für den langfristigen Anlageerfolg. Während viele Anleger sich primär auf Renditen und Anlagestrategien konzentrieren, wird die Bedeutung einer stabilen finanziellen Grundlage oft unterschätzt. Dabei zeigen Studien, dass gerade die ersten Schritte - von der Ausgabenkontrolle bis zur Erhöhung der Sparquote - maßgeblich über den späteren Anlageerfolg entscheiden. In diesem Kapitel erfahren Sie, wie Sie Schritt für Schritt Ihre persönliche finanzielle Basis aufbauen und damit den Grundstein für Ihren Vermögensaufbau an der Börse legen.

„Ein durchdachtes Ausgabenmanagement schafft die notwendige finanzielle Basis, um überhaupt erst in Wertpapiere investieren zu können.“

1. 2. 1. Ausgaben optimieren

Die Optimierung von Ausgaben ist ein fundamentaler Baustein für den erfolgreichen Vermögensaufbau an der Börse. Ein durchdachtes Ausgabenmanagement schafft die notwendige finanzielle Basis, um überhaupt erst in Wertpapiere investieren zu können [s20]. Zentral ist dabei die Entwicklung einer personalisierten Finanzstrategie, die auf die individuellen Lebensumstände zugeschnitten ist [s21]. Dies beginnt mit einer detaillierten Analyse der aktuellen Ausgaben. Hierfür empfiehlt sich das Führen eines Haushaltsbuchs über mindestens drei Monate, um wiederkehrende Kosten und versteckte Ausgaben zu identifizieren. Moderne Banking-Apps oder Excel-Tabellen können dabei helfen, den Überblick zu behalten. Ein wichtiger Aspekt ist die strikte Trennung von privaten und geschäftlichen Finanzen [s22]. Dies vereinfacht nicht nur die Buchhaltung, sondern ermöglicht auch eine bessere Kontrolle über beide Bereiche. Beispielsweise sollten separate Konten für private Ausgaben, geschäftliche Transaktionen und Investments geführt werden. Dies erleichtert auch die steuerliche Optimierung, da geschäftliche Ausgaben besser nachvollziehbar sind [s23]. Die Etablierung eines Notfallfonds ist ein weiterer kritischer Baustein [s21]. Experten empfehlen, drei bis sechs Nettomonatsgehälter als Liquiditätsreserve vorzuhalten. Dies verhindert, dass bei unerwarteten Ausgaben wie Autoreparaturen oder Haushaltsgerätedefekten Wertpapiere zu ungünstigen Zeitpunkten verkauft werden müssen. Ein effektives Schuldenmanagement ist unerlässlich [s22]. Hochverzinsliche Konsumkredite sollten prioritär getilgt werden, da deren Zinsen meist deutlich über möglichen Anlagerenditen liegen. Ein praktischer Ansatz ist die "Schneeball-Methode": Dabei werden Schulden nach Zinshöhe priorisiert und nacheinander abgebaut, während jeweils nur die Mindestrate für andere Kredite gezahlt wird. Die steuerliche Optimierung spielt eine wichtige Rolle [s23]. Durch geschickte Strukturierung von Investments können Steuerverpflichtungen minimiert werden. Beispielsweise durch die Nutzung des Sparerpauschbetrags oder durch gezieltes Verlustverrechnen am Jahresende. Die Eröffnung eines Wertpapierdepots bei einer Bank mit günstigen Ordergebühren spart zusätzlich Kosten. Regelmäßige Überprüfungen des Finanzplans sind essentiell [s20]. Vierteljährliche Reviews helfen, Abweichungen früh zu erkennen und gegenzusteuern. Dabei sollten auch die Gebührenstrukturen von Finanzprodukten überprüft werden [s24]. Hohe Verwaltungsgebühren bei

Fonds können die Rendite erheblich schmälern. Ein Wechsel zu kostengünstigeren ETFs kann hier sinnvoll sein. Ein praktischer Tipp ist die 50-30-20-Regel für die Budgetierung: 50% des Nettoeinkommens für notwendige Ausgaben (Miete, Lebensmittel, Versicherungen), 30% für Freizeit und Konsum, 20% für Sparen und Investieren. Diese Faustregel bietet eine erste Orientierung, muss aber an individuelle Umstände angepasst werden. Die Digitalisierung bietet zahlreiche Tools zur Ausgabenoptimierung. Preisvergleichsportale, Cashback-Programme und automatisierte Sparfunktionen können genutzt werden. Beispielsweise das Aufrunden jeder Zahlung auf den nächsten Euro und automatisches Überweisen der Differenz auf ein Sparkonto. Wichtig ist auch die psychologische Komponente: Impulskäufe vermeiden, Wartezeiten vor größeren Anschaffungen einplanen und regelmäßig hinterfragen, ob Ausgaben wirklich notwendig sind. Eine bewährte Methode ist die 24-Stunden-Regel: Bei nicht-essentiellen Käufen mindestens einen Tag Bedenkzeit einplanen.

1. 2. 2. Notgroschen aufbauen

Ein solider Notgroschen bildet das Fundament jeder Anlagestrategie und sollte noch vor den ersten Börsengängen aufgebaut werden. Die COVID-19-Pandemie hat vielen Menschen die Bedeutung finanzieller Rücklagen deutlich vor Augen geführt [s25]. Doch wie baut man systematisch einen ausreichenden Notgroschen auf? Der erste Schritt ist die realistische Einschätzung des benötigten Betrags. Dabei sollten sowohl regelmäßige Fixkosten als auch potenzielle Risiken berücksichtigt werden. Eine gründliche Analyse der persönlichen Versicherungssituation hilft, mögliche finanzielle Gefahren zu identifizieren und abzusichern [s26]. Beispielsweise könnte eine fehlende Berufsunfähigkeitsversicherung im Ernstfall zu erheblichen finanziellen Engpässen führen. Für den systematischen Aufbau des Notgroschens empfiehlt sich die Einrichtung eines separaten Tagesgeldkontos. Dieses sollte leicht zugänglich sein, aber dennoch getrennt vom normalen Girokonto geführt werden, um nicht in Versuchung zu geraten, das Geld für Konsumausgaben zu verwenden. Ein praktischer Ansatz ist die Einrichtung eines Dauerauftrags, der direkt nach Gehaltseingang einen festen Betrag auf das Notgroschen-Konto überweist. Die Höhe der monatlichen Sparrate sollte sich an den individuellen Möglichkeiten orientieren. Ein bewährter Ansatz ist das "Pay Yourself First"-Prinzip: Der Sparbetrag wird als erste "Rechnung" vom Gehalt abgezogen, bevor andere Ausgaben getätigt werden. Viele Arbeitgeber unterstützen mittlerweile den Aufbau von Rücklagen durch spezielle Programme oder automatisierte Gehaltsabzüge [s25]. Diese Möglichkeiten sollten geprüft und genutzt werden. Ein oft unterschätzter Aspekt beim Aufbau des Notgroschens ist die psychologische Komponente. Kleine Erfolgserlebnisse motivieren zum Weitersparen. Eine bewährte Methode ist das "Visualisieren" des Sparziels: Ein Thermometer oder eine Grafik, die den Fortschritt zeigt, kann sehr motivierend wirken. Auch das Feiern von Meilensteinen, etwa wenn 25%, 50% oder 75% des Ziels erreicht sind, hilft bei der Motivation. Die Wahl der richtigen Anlageform für den Notgroschen ist entscheidend. Das Geld muss jederzeit verfügbar sein, weshalb sich risikoreiche Anlagen verbieten. Tagesgeldkonten oder kurzlaufende Festgelder bieten einen guten Kompromiss zwischen Verfügbarkeit und minimaler Verzinsung. In Zeiten niedriger Zinsen sollte der Fokus jedoch nicht auf der Rendite, sondern auf der Sicherheit und Verfügbarkeit liegen. Ein praktischer Tipp ist die

"Chunk-Methode": Statt sich vom Gesamtziel überwältigen zu lassen, wird der Notgroschen in kleinere, erreichbare Teilziele unterteilt. Beispielsweise könnte das erste Ziel sein, einen Monat Fixkosten anzusparen, dann zwei Monate und so weiter. Jedes erreichte Teilziel stärkt das Selbstvertrauen und die Motivation. Regelmäßige Überprüfungen und Anpassungen des Notgroschens sind wichtig. Lebensumstände ändern sich, etwa durch Familienzuwachs, Jobwechsel oder Umzug. Der benötigte Puffer sollte entsprechend angepasst werden. Eine jährliche Überprüfung der Höhe des Notgroschens sollte fest eingeplant werden. Die Integration moderner Technologien kann den Aufbau des Notgroschens erleichtern. Spar-Apps mit automatischer Kategorisierung von Ausgaben helfen, zusätzliche Sparpotenziale zu identifizieren. Einige Apps runden automatisch Zahlungen auf und überweisen die Differenz auf ein Sparkonto. Diese "Kleinstbeträge" summieren sich über die Zeit zu nennenswerten Summen. Ein oft vernachlässigter Aspekt ist die Dokumentation des Notgroschens. Eine übersichtliche Aufstellung, wo welche Rücklagen liegen und wie sie im Notfall zugänglich sind, sollte erstellt und regelmäßig aktualisiert werden. Diese Information sollte auch Vertrauenspersonen zugänglich sein, falls man selbst verhindert ist.

Glossar

Chunk-Methode

Eine Strategie aus der Verhaltenspsychologie, bei der große Aufgaben in kleinere, besser handhabbare Einheiten aufgeteilt werden, um die kognitive Belastung zu reduzieren und die Erfolgswahrscheinlichkeit zu erhöhen

Pay Yourself First

Ein aus den USA stammendes Finanzkonzept der 1920er Jahre, das ursprünglich von Banken entwickelt wurde, um die Sparquote ihrer Kunden systematisch zu erhöhen

1. 2. 3. Einkommensquellen diversifizieren

Die Diversifizierung von Einkommensquellen ist ein zentraler Baustein für langfristigen finanziellen Erfolg und Stabilität. Statt sich ausschließlich auf ein Gehalt zu verlassen, ermöglicht die Erschließung verschiedener Einkommensströme eine breitere finanzielle Basis und reduziert Risiken [s27].

Ein wichtiger Aspekt ist der Aufbau passiver Einkommensquellen. Diese generieren Einnahmen, ohne dass man dafür aktiv arbeiten muss [s28]. Zu den klassischen passiven Einkommensquellen gehören:
- Dividendeneinnahmen aus Aktieninvestments
- Mieteinnahmen aus Immobilien
- Zinseinnahmen aus festverzinslichen Wertpapieren
- Lizenzgebühren aus geistigem Eigentum
- Beteiligungen an Unternehmen

Besonders Immobilieninvestments bieten vielfältige Möglichkeiten zur Einkommensdiversifizierung. Der Einstieg kann über verschiedene Wege erfolgen [s29]:
- Direktinvestment in Mehrfamilienhäuser
- Beteiligung an Immobilienfonds
- Investment in Gewerbeimmobilien
- Vermietung von Parkplätzen oder Garagen
- Kurzzeitvermietung über Plattformen

Ein konkretes Beispiel: Ein Investor kauft eine Dreizimmerwohnung für 300.000 Euro mit 20% Eigenkapital. Bei einer Kaltmiete von 1.200 Euro monatlich und Abzug aller Kosten bleibt ein passiver Cashflow von etwa 400 Euro pro Monat. Über die Jahre steigt dieser durch Mieterhöhungen und Tilgung der Finanzierung.

Neben Immobilien bieten sich weitere interessante Möglichkeiten [s28]:
- Investment in Ausrüstungsleasing: Maschinen oder Fahrzeuge werden an Unternehmen vermietet
- Beteiligung an ambulanten OP-Zentren oder Hotels
- Investment in erneuerbare Energien wie Solaranlagen oder Windparks
- Private Equity Investments in etablierte Unternehmen

Die Entwicklung automatisierter Geschäftsmodelle ist ein weiterer vielversprechender Ansatz [s30]. Beispiele sind:
- Aufbau eines Online-Shops mit Dropshipping
- Erstellung und Verkauf digitaler Produkte
- Affiliate Marketing über einen Blog
- Entwicklung und Vertrieb von Apps

Wichtig ist eine sorgfältige Analyse und Planung der verschiedenen Einkommensquellen [s31]. Folgende Schritte haben sich bewährt: 1. Berechnung des benötigten passiven Einkommens 2. Analyse verschiedener Investmentmöglichkeiten 3. Schrittweiser Aufbau verschiedener Einkommensströme 4. Regelmäßige Überprüfung und Optimierung 5. Reinvestition der Erträge zum weiteren Ausbau

Die Diversifizierung sollte dabei nicht nur über verschiedene Einkommensquellen erfolgen, sondern auch innerhalb der einzelnen Kategorien [s27]. Bei Aktieninvestments bedeutet dies beispielsweise eine Streuung über:
- Verschiedene Branchen
- Unterschiedliche Länder und Regionen
- Große und kleine Unternehmen
- Wachstums- und substanzstarke Titel

Ein weiterer wichtiger Aspekt ist die steuerliche Optimierung der verschiedenen Einkommensströme. Hier können erhebliche Unterschiede bestehen. Während Mieteinnahmen nach Abzug der Werbungskosten voll zu versteuern sind, profitieren Dividenden vom Sparerpauschbetrag. Bei der Vermietung von Ferienimmobilien können zusätzliche Abschreibungsmöglichkeiten genutzt werden. Die FIRE-Bewegung (Financial Independence, Retire Early) hat das Konzept der

Einkommensdiversifizierung populär gemacht [s32]. Ziel ist es, durch passive Einnahmen finanziell unabhängig zu werden. Ein Richtwert ist das 25-fache der jährlichen Ausgaben als Vermögensbasis aufzubauen. Bei 40.000 Euro Jahresausgaben wären dies 1 Million Euro. Die frühzeitige Einbeziehung der Familie in die Planung ist sinnvoll [s33]. Kinder können so wichtige Grundlagen über Geld und Investments lernen. Auch können gemeinsame Ziele definiert werden, etwa der Aufbau eines Studienfinanzierungsdepots durch monatliche ETF-Sparpläne.

Glossar

Dropshipping

Ein Geschäftsmodell im Online-Handel, bei dem der Händler keine eigenen Waren lagert, sondern Bestellungen direkt vom Hersteller oder Großhändler zum Kunden versenden lässt.

FIRE

Ein Lebensstilkonzept, das darauf abzielt, durch extreme Sparsamkeit und kluge Investitionen sehr früh (oft vor 40) in den Ruhestand gehen zu können. Der Name steht für 'Financial Independence, Retire Early'.

1. 2. 4. Sparquote erhöhen

Die Erhöhung der persönlichen Sparquote ist ein entscheidender Faktor für den langfristigen Vermögensaufbau an der Börse. Eine systematische Herangehensweise und das Verständnis der eigenen finanziellen Situation sind dabei unerlässlich [s34]. Die frühzeitige Auseinandersetzung mit dem Thema Sparen ist von großer Bedeutung [s35]. Je früher mit dem systematischen Sparen begonnen wird, desto stärker kann der Zinseszinseffekt wirken. Ein praktisches Beispiel verdeutlicht dies: Wer ab dem 25. Lebensjahr monatlich 300 Euro bei einer durchschnittlichen Rendite von 7% pro Jahr anlegt, verfügt nach 40 Jahren über rund 719.000 Euro. Beginnt man erst mit 35 Jahren, erreicht man mit der gleichen monatlichen Sparrate nur etwa 340.000 Euro. Die Zusammenarbeit mit einem qualifizierten Finanzplaner kann die Sparquote signifikant erhöhen [s36]. Studien zeigen, dass Menschen mit professioneller Finanzberatung im Durchschnitt 50% mehr sparen als Personen ohne Beratung. Der Finanzplaner hilft dabei, realistische Sparziele zu definieren und eine maßgeschneiderte Strategie zu entwickeln. Ein konkreter Ansatz ist die Erstellung eines detaillierten Finanzplans, der verschiedene Lebensphasen und potenzielle Risiken berücksichtigt. Die Schaffung von Sparanreizen spielt eine wichtige Rolle [s34]. Ein bewährter Ansatz ist das "Belohnungssystem": Für jeden gesparten Betrag wird ein kleiner Teil für persönliche Wünsche reserviert. Beispielsweise könnte die Regel aufgestellt werden: Für je 1000 Euro, die ins Depot fließen, dürfen 50 Euro für Hobbys oder Freizeitaktivitäten ausgegeben werden.

Die Automatisierung des Sparprozesses hat sich als besonders effektiv erwiesen. Moderne Banking-Apps bieten verschiedene Funktionen:
- Automatische Rundung von Zahlungen und Überweisung der Differenz aufs Sparkonto
- Kategorisierung von Ausgaben mit Warnfunktion bei Überschreitung definierter Limits
- Intelligente Algorithmen, die basierend auf Einnahmen und Ausgaben "sichere" Sparbeträge ermitteln

Ein wichtiger psychologischer Aspekt ist die realistische Einschätzung des späteren Finanzbedarfs [s36]. Die Berechnung des benötigten Rentenvermögens kann stark motivierend wirken. Ein praktischer Ansatz ist die "70%-Regel": Im Ruhestand werden etwa 70% des letzten Nettoeinkommens benötigt. Bei einem Nettoeinkommen von 3000 Euro wären dies 2100 Euro monatlich. Unter Berücksichtigung der gesetzlichen Rente lässt sich daraus der notwendige monatliche Sparbetrag ableiten.

Die Entwicklung finanzieller Bildung ist fundamental [s36]. Regelmäßige Weiterbildung durch:
- Teilnahme an Finanzwebinaren
- Lesen von Wirtschaftsliteratur
- Besuch von Anlegermessen
- Austausch in Investorengruppen

Konkrete Sparstrategien, die sich bewährt haben:
- Die "52-Wochen-Challenge": In der ersten Woche wird 1 Euro gespart, in der zweiten 2 Euro usw.
- Die "Fünf-Konten-Methode": Separate Konten für Fixkosten, Freizeit, Notgroschen, Altersvorsorge und Bildung
- Das "Mindestsparziel": Definition eines absoluten Minimums, das jeden Monat gespart wird, egal was kommt

Die regelmäßige Überprüfung und Anpassung der Sparstrategie ist essentiell. Vierteljährliche Reviews helfen, die Sparquote kontinuierlich zu optimieren und an veränderte Lebensumstände anzupassen. Dabei sollten auch externe Faktoren wie Inflation oder Änderungen im Steuersystem berücksichtigt werden.

Zusammenfassung - 1. 2. Finanzielle Basis schaffen

- Ein Notgroschen von 3-6 Nettomonatsgehältern verhindert Notverkäufe von Wertpapieren bei unerwarteten Ausgaben.
- Die 50-30-20-Regel empfiehlt 50% für Notwendiges, 30% für Konsum und 20% für Investments.
- Die "Chunk-Methode" unterteilt den Notgroschen in erreichbare Teilziele zur besseren Motivation.
- Tagesgeldkonten bieten den besten Kompromiss zwischen Verfügbarkeit und minimaler Verzinsung für den Notgroschen.
- Die FIRE-Bewegung empfiehlt das 25-fache der Jahresausgaben als Vermögensbasis für finanzielle Unabhängigkeit.
- Dropshipping und Affiliate Marketing sind Möglichkeiten für automatisierte Geschäftsmodelle.
- Bei 7% Rendite und 300€ monatlicher Sparrate erreicht man nach 40 Jahren etwa 719.000€, bei Start 10 Jahre später nur 340.000€.
- Die "70%-Regel" besagt, dass im Ruhestand etwa 70% des letzten Nettoeinkommens benötigt werden.
- Menschen mit professioneller Finanzberatung sparen durchschnittlich 50% mehr als ohne Beratung.
- Die "Fünf-Konten-Methode" trennt Geld für Fixkosten, Freizeit, Notgroschen, Altersvorsorge und Bildung.

1. 3. Anlageformen verstehen

Die Wahl der richtigen Anlageform ist eine der wichtigsten Entscheidungen beim Vermögensaufbau. Doch welche Eigenschaften haben verschiedene Anlageklassen wie Aktien, ETFs oder Anleihen? Wie unterscheiden sich ihre Risiko- und Renditeprofile? Und wie können sie optimal kombiniert werden, um die persönlichen Anlageziele zu erreichen? Die Komplexität der Finanzmärkte macht es notwendig, die Charakteristika und Funktionsweisen der verschiedenen Anlageformen genau zu verstehen. Nur wer die Vor- und Nachteile sowie die spezifischen Risiken der einzelnen Instrumente kennt, kann fundierte Anlageentscheidungen treffen und ein ausgewogenes Portfolio aufbauen. In diesem Kapitel analysieren wir systematisch die wichtigsten Anlageformen - von klassischen Aktien über moderne ETF-Strukturen bis hin zu Rohstoffen. Dabei liegt der Fokus auf den praktischen Aspekten: Wie funktionieren die verschiedenen Instrumente konkret und welche Rolle können sie im eigenen Portfolio spielen?

„Physische ETFs bilden einen Index nach, indem sie die enthaltenen Wertpapiere tatsächlich kaufen, während synthetische ETFs Derivate nutzen - dies hat Auswirkungen auf Transparenz und Risiko.“

1. 3. 1. Aktienarten und ihre Merkmale

Aktien repräsentieren Eigentumsanteile an Unternehmen und bieten Anlegern verschiedene Möglichkeiten der Partizipation am Unternehmenserfolg [s37]. Die zwei fundamentalen Kategorien sind Stamm- und Vorzugsaktien, die sich in ihren Rechten und Eigenschaften deutlich unterscheiden [s38]. Stammaktien gewähren den Aktionären Stimmrechte bei wichtigen Unternehmensentscheidungen und ermöglichen die Teilnahme an Hauptversammlungen. Ein praktisches Beispiel: Als Stammaktionär von Volkswagen können Sie über die Besetzung des Aufsichtsrats oder wichtige strategische Entscheidungen mit abstimmen. Zusätzlich besteht die Chance auf Dividendenzahlungen, wobei deren Höhe nicht garantiert ist [s37]. Vorzugsaktien hingegen verzichten meist auf Stimmrechte, bieten dafür aber privilegierte Dividendenrechte. Beispielsweise erhalten Vorzugsaktionäre ihre Dividende vor den Stammaktionären und oft in einer garantierten Mindesthöhe. Bei einer Unternehmensinsolvenz werden sie ebenfalls bevorzugt bedient [s38]. Diese Aktienart eignet sich besonders für Anleger, die an regelmäßigen Ausschüttungen interessiert sind und auf Mitspracherechte verzichten können.

Nach dem Wachstumspotenzial lassen sich Aktien in verschiedene Kategorien einteilen [s39]:
- Slow Growers: Etablierte Unternehmen wie Energieversorger, die nur moderat wachsen, aber oft hohe Dividenden zahlen
- Stalwarts: Solide Großunternehmen mit stabilem Wachstum von 10-12% p.a.
- Fast-Growers: Dynamische, meist jüngere Unternehmen mit Wachstumsraten von 20-25% p.a.

Ein weiteres wichtiges Unterscheidungsmerkmal ist die Marktkapitalisierung [s37]. Von Mega-Cap (sehr große Unternehmen) bis Micro-Cap (sehr kleine Unternehmen) existiert ein breites Spektrum. Dabei gilt: Je kleiner die Marktkapitalisierung, desto höher meist das Risiko aber auch die Renditechancen. Besonders interessant für Einkommensorientierte sind die sogenannten REITs (Real Estate Investment Trusts) [s40]. Diese speziellen Aktiengesellschaften investieren in Immobilien und müssen mindestens 90% ihrer Gewinne als Dividenden ausschütten. Ein praktisches Beispiel: Statt selbst eine Gewerbeimmobilie zu kaufen, können Sie über einen REIT-Anteil am Immobilienmarkt partizipieren. Die Equity Style Box [s41] hilft bei der Einordnung von Aktien nach Größe und Anlagestil (Value, Blend, Growth). Value-Aktien gelten dabei als günstiger bewertet und risikoärmer, während Growth-Aktien höhere Wachstumsraten aber auch höhere Risiken aufweisen. Für die praktische Anlagestrategie empfiehlt sich eine Mischung verschiedener Aktienarten. Ein ausgewogenes Portfolio könnte beispielsweise aus 40% Stalwarts für Stabilität, 30% Fast-Growers für Wachstumschancen, 20% dividendenstarken Slow Growers und 10% spekulativeren Turnaround-Kandidaten bestehen. Dabei sollten Anleger ihre persönliche Risikotoleranz und ihren Anlagehorizont berücksichtigen. Zyklische Aktien [s39] erfordern besonderes Timing-Geschick, da ihre Performance stark vom Wirtschaftszyklus abhängt. Beispielsweise florieren Automobilaktien typischerweise in Boom-Phasen, während sie in Rezessionen überdurchschnittlich leiden. Für Einsteiger empfiehlt sich zunächst der Fokus auf etablierte Unternehmen mit solider Dividendenpolitik [s38]. Mit wachsender Erfahrung kann das Portfolio dann schrittweise um spekulativere Elemente erweitert werden. Wichtig ist dabei stets die breite Streuung über verschiedene Aktienarten, Branchen und Regionen, um das Risiko zu minimieren.

Glossar

Equity Style Box
Ein Analysewerkzeug, entwickelt von Morningstar, das Aktien in neun Kategorien einteilt und Anlegern hilft, den Investmentstil verschiedener Wertpapiere auf einen Blick zu erfassen.

Marktkapitalisierung
Der Gesamtwert aller ausstehenden Aktien eines Unternehmens, berechnet durch Multiplikation des aktuellen Aktienkurses mit der Anzahl der ausgegebenen Aktien.

REIT
Eine spezielle Form von Aktiengesellschaften, die sich auf Immobilieninvestitionen spezialisieren und besondere steuerliche Vorteile genießen, wenn sie bestimmte regulatorische Anforderungen erfüllen.

1. 3. 2. ETF-Strukturen und Varianten

ETFs (Exchange Traded Funds) existieren in verschiedenen Strukturen und Varianten, die sich in ihrer Funktionsweise und ihren Eigenschaften deutlich unterscheiden. Die Wahl der richtigen ETF-Struktur kann erhebliche Auswirkungen auf Rendite, Risiko und steuerliche Behandlung haben. Grundsätzlich unterscheidet man zwischen physischen und synthetischen ETFs [s42]. Physische ETFs bilden einen Index nach, indem sie die enthaltenen Wertpapiere tatsächlich kaufen. Nehmen wir als Beispiel einen DAX-ETF: Dieser erwirbt die 40 im DAX enthaltenen Aktien entsprechend ihrer Gewichtung. Dies sorgt für hohe Transparenz und minimiert das Kontrahentenrisiko. Synthetische ETFs hingegen nutzen Derivate, meist Total Return Swaps, um die Indexrendite nachzubilden [s42]. Diese Struktur kann besonders bei schwer zugänglichen Märkten oder komplexen Indizes vorteilhaft sein. Beispielsweise könnte ein ETF auf chinesische A-Aktien über Swaps günstiger und effizienter sein als der direkte Aktienkauf. Ein besonderes Merkmal von ETFs ist ihre Creation/Redemption-Struktur [s43]. Autorisierte Teilnehmer können große Aktienblöcke, sogenannte Creation Units, erstellen oder zurückgeben. Dies ermöglicht eine effiziente Anpassung an Angebot und Nachfrage und verhindert größere Abweichungen vom Nettoinventarwert. Wenn beispielsweise viele Anleger ETF-Anteile kaufen wollen, können neue Units geschaffen werden, ohne den Preis stark zu beeinflussen. Die steuerliche Effizienz ist ein weiterer wichtiger Vorteil von ETFs [s43]. Durch In-Kind-Rücknahmen können Kapitalgewinne vermieden werden. Konkret bedeutet das: Wenn Anleger ihre ETF-Anteile verkaufen, kann der Fonds Aktien mit niedrigem Einstandspreis in Rücknahme-Baskets übertragen, statt sie zu verkaufen. Dies minimiert realisierte Gewinne und damit die Steuerbelastung für alle Anleger. Bei der Auswahl eines ETFs sollten Anleger auch auf die Replikationsmethode achten [s42]. Neben der vollständigen Replikation gibt es die optimierte Nachbildung, bei der nur die wichtigsten Indexkomponenten gekauft werden. Ein praktisches Beispiel: Ein MSCI World ETF muss nicht alle 1600+ Aktien halten, sondern kann mit den größten Positionen eine sehr ähnliche Performance erzielen. Für spezielle Anlagestrategien existieren auch gehebelte ETFs [s42]. Diese verstärken die täglichen Indexbewegungen um einen bestimmten Faktor. Wichtig zu wissen: Durch den Zinseszinseffekt können die langfristigen Ergebnisse deutlich von der erwarteten Hebelwirkung abweichen. Diese Produkte eignen sich daher eher für kurzfristige taktische Positionierungen. Die regulatorischen Rahmenbedingungen für ETFs wurden in den letzten Jahren weiterentwickelt [s43]. Die SEC-Regel 6c-11 von 2019 ermöglicht beispielsweise flexiblere maßgeschneiderte Baskets, was die Steuereffizienz weiter verbessert. Anleger profitieren so von niedrigeren laufenden Kosten und höheren Nachsteuerrenditen. Für die praktische Umsetzung empfiehlt sich, zunächst mit physisch replizierenden ETFs auf breite Indizes zu beginnen. Diese bieten maximale Transparenz und minimales Kontrahentenrisiko. Mit wachsender Erfahrung können dann speziellere Varianten wie Smart-Beta-ETFs oder auch synthetische Strukturen für Nischenmärkte hinzugefügt werden. Die Diversifikationsregeln für ETFs [s44] erlauben eine flexiblere Gestaltung als bei klassischen Investmentfonds. Indexfolgende ETFs sind von der 40%-Emittentengrenze ausgenommen, was die präzise Indexabbildung ermöglicht. Auch können ETFs in verschiedene andere Fonds investieren, solange dies im Prospekt transparent dargestellt wird.

Glossar

Creation Unit
Ein standardisiertes Paket von typischerweise 50.000 oder 100.000 ETF-Anteilen, das von autorisierten Marktteilnehmern gehandelt wird

Kontrahentenrisiko
Das Risiko, dass ein Geschäftspartner seinen vertraglichen Zahlungsverpflichtungen nicht nachkommen kann

Smart-Beta-ETF
Eine ETF-Variante, die systematisch bestimmte Faktoren wie Qualität, Momentum oder Volatilität berücksichtigt, um eine bessere Performance als klassische Indexfonds zu erzielen

Total Return Swap
Ein Finanzkontrakt zwischen zwei Parteien, bei dem die Gesamtrendite eines Basiswerts gegen regelmäßige Zahlungen getauscht wird

1. 3. 3. Anleihen als Stabilisator

Anleihen spielen eine zentrale Rolle als Stabilisator in einem ausgewogenen Investmentportfolio und bieten verschiedene Vorteile für langfristig orientierte Anleger [s45]. Ihre stabilisierende Wirkung entfalten sie besonders durch regelmäßige, planbare Zinszahlungen und die Rückzahlung des Nennwerts bei Fälligkeit [s46]. Ein wesentlicher Vorteil von Anleihen ist ihre geringe Korrelation zu Aktien. In Zeiten von Aktienmarktturbulenzen können qualitativ hochwertige Anleihen als Puffer dienen und Verluste im Gesamtportfolio abfedern [s47]. Beispielsweise zeigte sich während der Finanzkrise 2008, dass Staatsanleihen hoher Bonität ihren Wert behielten oder sogar zulegten, während Aktien massive Einbrüche verzeichneten.

Für die praktische Portfoliokonstruktion empfiehlt sich eine ausgewogene Mischung verschiedener Anleihearten. Eine bewährte Strategie ist die 40/60-Aufteilung, bei der 40% in Aktien und 60% in Anleihen investiert werden [s47]. Diese Allokation bietet einen guten Kompromiss zwischen Wachstumschancen und Stabilität. Ein konkretes Beispiel: Bei einem Portfolio von 100.000 Euro würden 60.000 Euro in verschiedene Anleiheformen investiert, etwa:
- 30.000 Euro in Staatsanleihen höchster Bonität
- 20.000 Euro in Unternehmensanleihen mit Investment-Grade-Rating
- 10.000 Euro in inflationsgeschützte Anleihen

Die Verwendung von Derivaten kann die Effizienz des Anleihenportfolios weiter steigern [s48]. Beispielsweise können Zinsswaps genutzt werden, um das Durationsrisiko zu steuern oder von Marktverwerfungen zu profitieren. Dies sollte jedoch erfahrenen Anlegern vorbehalten bleiben. Besonders wichtig ist die Qualität der gewählten Anleihen. Experten empfehlen, sich auf Investment-Grade-Anleihen zu konzentrieren, die von Rating-Agenturen mit guten Bonitätsnoten bewertet wurden [s46]. Diese bieten zwar geringere Renditen als Hochzinsanleihen, aber deutlich mehr Sicherheit. In Zeiten steigender Zinsen können variabel verzinsliche Anleihen (Floater) eine sinnvolle Beimischung sein [s47]. Sie passen ihre Zinszahlungen an das Marktniveau an und schützen so vor Kursverlusten. Ein praktischer Ansatz wäre, etwa 20% der Anleihenquote in Floater zu investieren. Die stabilisierende Wirkung von Anleihen zeigt sich auch in institutionellen

Portfolios. Studien belegen, dass Rentenkassen, die gesetzlich zu hohen Anleihenquoten verpflichtet sind, zwar niedrigere Renditen, aber auch deutlich geringere Wertschwankungen aufweisen [s49]. Für die strategische Ausrichtung empfiehlt sich eine Staffelung der Laufzeiten (Laddering). Dabei werden Anleihen mit verschiedenen Fälligkeiten gekauft, beispielsweise je ein Fünftel mit 2, 4, 6, 8 und 10 Jahren Laufzeit. Dies ermöglicht regelmäßige Reinvestitionsmöglichkeiten und reduziert das Zinsänderungsrisiko [s46]. Die Erwartungen für die kommenden 12-18 Monate sind moderat positiv, mit prognostizierten Renditen im niedrigen bis mittleren einstelligen Bereich [s45]. Anleger sollten jedoch beachten, dass Anleihen primär der Stabilisierung dienen und nicht der Renditemaximierung. Ein weiterer wichtiger Aspekt ist die Liquidität, die Anleihen bieten. Sie ermöglichen strategische Portfolioanpassungen, etwa wenn nach Kursgewinnen bei Aktien eine Rebalancierung nötig wird [s47]. Die regelmäßigen Zinszahlungen können zudem als Liquiditätsquelle für laufende Entnahmen dienen.

Glossar

Duration
Ein Maß für die Zinssensitivität einer Anleihe, das angibt, wie stark sich der Kurs bei Zinsänderungen verändert

Floater
Eine spezielle Form von Anleihen, bei der der Zinssatz in regelmäßigen Abständen an einen Referenzzinssatz wie EURIBOR oder LIBOR angepasst wird

Investment-Grade
Bezeichnet Anleihen mit sehr guter bis mittlerer Bonität, die von Rating-Agenturen mit AAA bis BBB- bewertet werden

Laddering
Eine Anlagestrategie, bei der Investments zeitlich gestaffelt werden, um Zinsänderungsrisiken zu minimieren und regelmäßige Reinvestitionsmöglichkeiten zu schaffen

Zinsswap
Ein Finanzderivat, bei dem zwei Parteien vereinbaren, zu bestimmten zukünftigen Zeitpunkten Zinszahlungen auszutauschen

1. 3. 4. Rohstoffe und Edelmetalle

Rohstoffe und Edelmetalle zählen zu den ältesten Handelsgütern der Menschheit und bieten Anlegern heute vielfältige Investitionsmöglichkeiten [s50]. Als eigenständige Anlageklasse unterscheiden sie sich fundamental von klassischen Finanzanlagen wie Aktien oder Anleihen und können wichtige Funktionen im Portfolio erfüllen. Die drei Hauptvorteile von Rohstoffinvestments sind Inflationsschutz, Diversifikation und Renditepotenzial [s51]. Besonders in Zeiten steigender Inflation beweisen Rohstoffe ihre Stärke als Wertspeicher. Ein praktisches Beispiel: Während der Inflationsphase der 1970er Jahre verloren Aktien und Anleihen real an Wert, während Rohstoffe deutliche Wertzuwächse verzeichneten.

Für Privatanleger existieren verschiedene Möglichkeiten, in Rohstoffe zu investieren [s52]:
- Physischer Kauf (besonders bei Edelmetallen üblich)
- Rohstoff-ETFs und ETCs
- Aktien von Rohstoffunternehmen
- Futures und Optionen (für erfahrene Anleger)

Besonders interessant sind dabei ETFs, die eine kostengünstige und liquide Investition in einen breiten Rohstoffkorb ermöglichen [s53]. Allerdings ist zu beachten, dass diese Produkte meist über Futures-Kontrakte investieren. Die sogenannte Rollrendite kann dabei die Performance sowohl positiv als auch negativ beeinflussen. Ein Beispiel: Wenn der Futures-Preis über dem Spotpreis liegt (Contango), entstehen beim regelmäßigen "Rollen" der Kontrakte Verluste. Eine innovative Entwicklung im Rohstoffsektor sind Streaming- und Royalty-Finanzierungen [s54]. Dabei erwerben Investoren das Recht auf einen Teil der zukünftigen Produktion zu festgelegten Preisen. Dies ermöglicht eine Partizipation am Bergbausektor mit reduziertem operativem Risiko. Die Preisfindung bei Rohstoffen folgt dabei eigenen Gesetzmäßigkeiten. Anders als bei Aktien spielen fundamentale Faktoren wie Angebot und Nachfrage eine dominante Rolle [s50]. Dies führt zu einer geringen Korrelation mit traditionellen Anlageklassen [s55], was Rohstoffe zu einem wertvollen Diversifikationsinstrument macht.

Für die praktische Portfoliokonstruktion empfiehlt sich ein strategischer Rohstoffanteil von 5-15%, je nach individueller Risikoneigung. Eine beispielhafte Aufteilung könnte so aussehen:

- 40% Industriemetalle (Kupfer, Aluminium etc.)
- 30% Edelmetalle (Gold, Silber, Platin)
- 20% Energie (Öl, Gas)
- 10% Agrarrohstoffe

Neue technologische Entwicklungen ermöglichen zudem eine präzisere Portfoliooptimierung im Rohstoffbereich. Künstliche Intelligenz und maschinelles Lernen können dabei helfen, Preistrends besser zu prognostizieren und die Gewichtung entsprechend anzupassen [s56]. Die Risiken von Rohstoffinvestments sollten jedoch nicht unterschätzt werden. Neben der hohen Preisvolatilität existieren auch Liquiditäts- und Kontrahentenrisiken [s52]. Besonders bei physischen Investments kommen noch praktische Herausforderungen wie Lagerung und Versicherung hinzu. Für Einsteiger empfiehlt sich der Start mit breit diversifizierten Rohstoff-ETFs oder physischen Edelmetallen. Mit wachsender Erfahrung kann das Engagement dann um spezialisierte Produkte oder einzelne Rohstoffwerte erweitert werden. Wichtig ist dabei stets ein gründliches Verständnis der gewählten Anlageform und ihrer spezifischen Risiken.

Edelmetalle [i2]

Glossar

Contango

Eine Marktsituation bei Rohstoffen, bei der der Preis für spätere Lieferung höher ist als für sofortige Lieferung. Dies ist der Normalzustand am Terminmarkt und spiegelt Lager- und Finanzierungskosten wider.

Rollrendite

Der Gewinn oder Verlust, der entsteht, wenn ein auslaufender Futures-Kontrakt durch einen später fälligen ersetzt wird. Die Rendite hängt von der Preisdifferenz zwischen den Kontrakten ab.

Royalty

Eine Form der Bergbaufinanzierung, bei der Investoren prozentuale Anteile am Umsatz oder der Produktion einer Mine erhalten, ohne operative Verantwortung zu tragen.

Streaming

Eine Finanzierungsform im Bergbau, bei der Investoren vorab Kapital bereitstellen und dafür das Recht erhalten, Rohstoffe später zu einem festgelegten Preis zu beziehen.

Zusammenfassung - 1. 3. Anlageformen verstehen

- Stammaktien gewähren Stimmrechte bei Unternehmensentscheidungen, während Vorzugsaktien privilegierte Dividendenrechte bieten
- REITs müssen mindestens 90% ihrer Gewinne als Dividenden ausschütten
- Die Equity Style Box kategorisiert Aktien nach Größe und Anlagestil in Value, Blend und Growth
- Physische ETFs bilden Indizes durch direkten Wertpapierkauf nach, synthetische ETFs nutzen Total Return Swaps
- Die Creation/Redemption-Struktur von ETFs ermöglicht effiziente Preisanpassungen durch autorisierte Teilnehmer
- In-Kind-Rücknahmen bei ETFs optimieren die steuerliche Effizienz durch Vermeidung realisierter Kapitalgewinne
- Die SEC-Regel 6c-11 von 2019 ermöglicht flexiblere maßgeschneiderte Baskets für ETFs
- Indexfolgende ETFs sind von der 40%-Emittentengrenze bei der Diversifikation ausgenommen
- Laddering-Strategien bei Anleihen reduzieren das Zinsänderungsrisiko durch gestaffelte Laufzeiten
- Floater passen ihre Zinszahlungen an das Marktniveau an und schützen vor Kursverlusten bei steigenden Zinsen
- Streaming- und Royalty-Finanzierungen ermöglichen Rohstoffinvestments mit reduziertem operativem Risiko
- Die Rollrendite bei Rohstoff-ETFs kann die Performance durch Contango-Effekte negativ beeinflussen

Rückblick - 1. Grundlagen des Vermögensaufbaus

- Die emotionale Kontrolle beim Investieren ist fundamental, da 95% unserer Handlungen unbewusst ablaufen. Menschen empfinden Verluste etwa doppelt so stark wie gleichwertige Gewinne.
- Ein Trading-Tagebuch und schriftlich fixierte Handelsregeln helfen, emotionale Entscheidungen zu vermeiden.
- Meditation und Achtsamkeitsübungen können die emotionale Reaktivität an der Börse reduzieren.
- Langfristiges Denken erfordert die Fokussierung auf Unternehmen mit "wirtschaftlichen Burggräben" - Eigenschaften die langfristige Profitabilität sichern.
- Die persönliche Risikobereitschaft wird stark von demografischen Faktoren wie Alter und Einkommen beeinflusst und sollte regelmäßig überprüft werden.
- Eine "Risiko-Ampel" mit grünen, gelben und roten Investments hilft bei der Selbsteinschätzung.
- Die Durchschnittskostenmethode reduziert das Risiko ungünstiger Einstiegszeitpunkte.
- Für den Notgroschen empfiehlt sich die "Chunk-Methode" - die Aufteilung in kleinere, erreichbare Teilziele.
- Das "Pay Yourself First"-Prinzip behandelt Sparbeträge als erste "Rechnung" vom Gehalt.
- REITs müssen mindestens 90% ihrer Gewinne als Dividenden ausschütten.
- Die Creation/Redemption-Struktur von ETFs ermöglicht eine effiziente Anpassung an Angebot und Nachfrage.
- Anleihen mit Investment-Grade-Rating dienen als Stabilisator und zeigten während der Finanzkrise 2008 ihre Pufferwirkung.
- Rohstoff-ETFs investieren meist über Futures-Kontrakte, wobei die Rollrendite die Performance stark beeinflussen kann.
- Streaming- und Royalty-Finanzierungen ermöglichen eine Partizipation am Bergbausektor mit reduziertem operativem

Risiko.

- Nachdem wir die Grundlagen des Vermögensaufbaus verstanden haben, widmen wir uns nun der spannenden Frage, wie sich diese Erkenntnisse in profitable Investmentstrategien umsetzen lassen.

2. Investmentstrategien

Die Wahl der richtigen Investmentstrategie ist eine der wichtigsten Entscheidungen für langfristigen Anlageerfolg. Doch welche Ansätze haben sich in der Praxis bewährt? Wie lässt sich ein Portfolio optimal strukturieren und welche Rolle spielen dabei Faktoren wie geografische Streuung und Kosteneffizienz? Die technologische Entwicklung hat in den letzten Jahren völlig neue Möglichkeiten für private Anleger geschaffen - von algorithmusbasierten Handelsstrategien bis hin zu KI-gestützter Portfoliooptimierung. Gleichzeitig zeigen wissenschaftliche Studien, dass viele vermeintlich komplexe Anlagestrategien langfristig schlechter abschneiden als einfache, regelbasierte Ansätze. Dieses Kapitel analysiert verschiedene Investmentstrategien auf Basis aktueller Forschungsergebnisse und langjähriger Praxiserfahrung. Es beleuchtet sowohl aktive als auch passive Anlagekonzepte und zeigt auf, wie sich diese optimal kombinieren lassen. Dabei wird besonderer Wert auf die praktische Umsetzbarkeit für Privatanleger gelegt. Die folgenden Abschnitte liefern das Handwerkszeug, um eine individuell passende und wissenschaftlich fundierte Anlagestrategie zu entwickeln - von der Asset Allocation über technische Analyse bis hin zu ETF-basierten Buy-and-Hold Ansätzen. Denn letztlich ist die beste Strategie diejenige, die man auch in turbulenten Marktphasen durchhalten kann.

2. 1. Portfolioaufbau

Der systematische Aufbau eines Investmentportfolios gehört zu den wichtigsten Entscheidungen für langfristigen Anlageerfolg. Doch wie lässt sich ein Portfolio optimal strukturieren? Welche Rolle spielen dabei die geografische Verteilung der Investments und das regelmäßige Anpassen der Gewichtungen? Die Wissenschaft hat in den letzten Jahrzehnten verschiedene Modelle und Strategien entwickelt, die Anlegern bei diesen komplexen Entscheidungen Orientierung bieten. Von der klassischen Asset Allocation über internationale Diversifikation bis hin zu modernen Rebalancing-Methoden stehen verschiedene Werkzeuge zur Verfügung. Dabei gilt es, sowohl grundlegende Prinzipien als auch neue Erkenntnisse der Portfoliotheorie zu berücksichtigen. Die folgenden Abschnitte zeigen systematisch auf, wie Sie diese Erkenntnisse für den Aufbau Ihres persönlichen Portfolios nutzen können - mit konkreten Handlungsempfehlungen, die sich in der Praxis bewährt haben.

„Die Asset Allocation, also die strategische Verteilung des Vermögens auf verschiedene Anlageklassen, ist der wichtigste Erfolgsfaktor für langfristigen Anlageerfolg.“

2. 1. 1. Asset Allocation

Die Asset Allocation, also die strategische Verteilung des Vermögens auf verschiedene Anlageklassen, ist der wichtigste Erfolgsfaktor für langfristigen Anlageerfolg [s57]. Diese fundamentale Entscheidung bestimmt maßgeblich sowohl die zu erwartende Rendite als auch das damit verbundene Risiko eines Investmentportfolios. Ein wissenschaftlich fundierter Ansatz zur Asset Allocation basiert auf der modernen Portfoliotheorie, die eine maßgeschneiderte und diversifizierte Anlagestrategie ermöglicht [s57]. Dabei werden verschiedene Anlageklassen wie Aktien, Anleihen, Immobilien und alternative Investments so kombiniert, dass bei gegebenem Risiko die höchstmögliche Rendite erzielt werden kann. Ein Beispiel: Ein 35-jähriger Anleger mit hoher Risikotoleranz und langfristigem Anlagehorizont könnte sein Portfolio mit 70% Aktien, 20% Anleihen und 10% Alternativen Anlagen aufstellen.

Die Entwicklung einer individuellen Asset Allocation erfolgt unter Berücksichtigung von drei Kernfaktoren [s58]:
- Persönliche Anlageziele (z.B. Altersvorsorge oder Vermögensaufbau)
- Individuelle Risikotoleranz
- Anlagehorizont

Neue Forschungsansätze nutzen Multi-Faktor-Modelle zur noch präziseren Bestimmung der optimalen Vermögensaufteilung [s59]. Diese Modelle identifizieren verschiedene Renditequellen und ermöglichen eine bessere Einschätzung von Risiken und erwarteten Erträgen. Die Diversifikation erfolgt dabei nicht nur über Anlageklassen, sondern auch über die zugrundeliegenden Renditefaktoren. Ein wesentlicher Aspekt erfolgreicher Asset Allocation ist die regelmäßige Überwachung und Anpassung des Portfolios [s58]. Durch Marktschwankungen verschiebt sich die ursprüngliche Gewichtung der Anlageklassen im Zeitverlauf. Ein praktischer Tipp: Überprüfen Sie Ihr Portfolio mindestens halbjährlich und führen Sie bei Abweichungen von mehr als 5% von der Zielallokation ein Rebalancing durch.

Die Diversifikation als Kernelement der Asset Allocation [s60] folgt dem Prinzip, nicht alle Eier in einen Korb zu legen. Konkret bedeutet dies:
- Streuung über verschiedene Anlageklassen
- Geografische Diversifikation
- Branchen- und Sektorenstreuung
- Verschiedene Investmentstile

Besonders wichtig ist die Auswahl von Anlagen mit geringer oder negativer Korrelation [s60]. Wenn beispielsweise Aktien in einer Krisenphase fallen, können Staatsanleihen hoher Bonität oder Gold als "sicherer Hafen" fungieren und Verluste ausgleichen. Für die praktische Umsetzung empfiehlt sich eine Kombination aus aktiv gemanagten Fonds und kostengünstigen passiven Instrumenten wie ETFs [s61]. Dies ermöglicht eine breite Streuung bei gleichzeitiger Kostenkontrolle. Ein konkretes Beispiel: Der Aktienanteil könnte zu 70% über globale ETFs und zu 30% über ausgewählte aktive Fonds abgebildet werden. Alternative Anlagen wie Private Equity, Immobilien oder Private Credit können das Portfolio zusätzlich optimieren [s61]. Diese Anlageklassen bieten oft eine geringe Korrelation zu traditionellen Investments und können die Diversifikation verbessern. Allerdings sollten Privatanleger die eingeschränkte Liquidität und höhere Komplexität dieser Anlagen berücksichtigen. Ein professioneller Ansatz zur Asset Allocation beinhaltet auch die regelmäßige Evaluation und Anpassung der Strategien [s62]. Dabei sollten sowohl die persönlichen Lebensumstände als auch veränderte Marktbedingungen berücksichtigt werden. Ein 55-jähriger Anleger wird beispielsweise eine konservativere Allokation wählen als in jüngeren Jahren. Die Nutzung von Leverage (Hebelwirkung) kann die Renditemöglichkeiten erhöhen [s62], sollte aber nur mit großer Vorsicht und klarer Risikodefinition erfolgen. Für die meisten Privatanleger ist ein ungehebeltes Portfolio die bessere Wahl. Für den langfristigen Erfolg ist es entscheidend, die gewählte Strategie auch in volatilen Marktphasen durchzuhalten [s63]. Häufige taktische Änderungen aufgrund kurzfristiger Marktbewegungen führen oft zu schlechteren Ergebnissen. Stattdessen sollte der Fokus auf der strategischen Asset Allocation und regelmäßigem Rebalancing liegen.

Glossar

Asset Allocation

Ein Konzept aus der Vermögensverwaltung, das die prozentuale Aufteilung von Kapital auf verschiedene Investmentklassen beschreibt. Ursprünglich in den 1950er Jahren von amerikanischen Pensionsfonds entwickelt.

Leverage

Eine Finanzierungsmethode, bei der Fremdkapital zur Erhöhung des Investitionsvolumens eingesetzt wird. Stammt vom lateinischen 'levare' (heben) ab und wurde erstmals im 19. Jahrhundert an der Wall Street systematisch eingesetzt.

Private Credit

Eine Finanzierungsform, bei der private Geldgeber direkt Kredite an Unternehmen vergeben. Gewann nach der Finanzkrise 2008 an Bedeutung, als Banken ihre Kreditvergabe einschränkten.

Private Equity

Eine Anlageform, bei der Investoren sich direkt an nicht börsennotierten Unternehmen beteiligen. Entstand in den 1940er Jahren in den USA als Alternative zur klassischen Unternehmensfinanzierung.

Rebalancing

Eine Portfoliomanagement-Technik, die ursprünglich von institutionellen Investoren in den 1940er Jahren entwickelt wurde, um die ursprünglich festgelegte Vermögensverteilung wiederherzustellen.

2. 1. 2. Geografische Streuung

Die geografische Streuung des Portfolios ist ein zentraler Baustein für langfristigen Anlageerfolg. Durch die Verteilung der Investments über verschiedene Länder und Regionen können Anleger nicht nur von unterschiedlichen Wachstumschancen profitieren, sondern auch länder- und regionenspezifische Risiken reduzieren [s64]. Besonders interessant sind die Wachstumsmärkte der Entwicklungsländer, die oft ein höheres Wachstumspotenzial als entwickelte Volkswirtschaften bieten. Allerdings müssen Anleger hier auch höhere Risiken wie Währungsschwankungen und politische Instabilität einkalkulieren [s64]. Ein ausgewogenes Portfolio könnte beispielsweise zu 60% in entwickelte Märkte und zu 40% in Schwellenländer investieren, wobei der Schwellenländeranteil je nach individueller Risikotoleranz angepasst werden sollte. Für die praktische Umsetzung der geografischen Diversifikation stehen verschiedene Instrumente zur Verfügung. American Depositary Receipts (ADRs) ermöglichen es Anlegern, unkompliziert in ausländische Unternehmen zu investieren, ohne direkt an ausländischen Börsen handeln zu müssen [s65]. Alternativ bietet der direkte Zugang zu internationalen Märkten über globale Brokerkonten mehr Kontrolle und potenziell niedrigere Kosten [s65]. Bei der Immobilienanlage spielen Real Estate Investment Trusts (reits) eine wichtige Rolle für die geografische Diversifikation. Ende 2022 existierten weltweit zahlreiche börsennotierte REITs, die Anlegern Zugang zu verschiedenen Immobilienmärkten ohne eigene lokale Präsenz ermöglichen [s66]. Interessanterweise zeigt die Forschung, dass selbst innerhalb einzelner Städte eine geografische Diversifikation das Portfoliorisiko reduzieren kann [s67]. Bei der Analyse internationaler Investments reicht es nicht aus, nur auf den Unternehmenssitz zu schauen. Viele Unternehmen sind global tätig und generieren Umsätze in verschiedenen Regionen. Anleger sollten daher die tatsächliche geografische Exposition ihrer Investments genau analysieren [s68]. Ein deutsches Unternehmen im DAX kann beispielsweise stark vom asiatischen Markt abhängig sein.

Wichtige Erfolgsfaktoren für internationale Investments sind:
- Governance-Strukturen der Zielländer
- Bildungsniveau
- Infrastrukturqualität
- Offenheit der Handelspolitik [s69]

Diese Faktoren beeinflussen die wirtschaftliche Entwicklung stärker als spezifische Industriepolitiken. Besondere Aufmerksamkeit verdient das Währungsrisiko bei internationalen Investments. Wechselkursschwankungen können die Rendite erheblich beeinflussen. Anleger können sich durch Währungsabsicherungen (Hedging) gegen diese Risiken schützen [s65]. Ein praktischer Ansatz ist es, in Kernmärkten wie USA und Europa größere Positionen währungsgesichert zu halten, während man bei kleineren Positionen in Schwellenländern das Währungsrisiko akzeptiert. Die Forschung zeigt, dass die Korrelationen zwischen internationalen Märkten bei kurz- und mittelfristigen Anlagehorizonten (8-256 Tage) relativ hoch sind, was die Diversifikationseffekte einschränkt [s70]. Auch bei längeren Anlagehorizonten bleiben die Korrelationen bedeutend, besonders in Krisenzeiten. Dies unterstreicht die Wichtigkeit, die geografische Diversifikation mit anderen Diversifikationsstrategien zu kombinieren. Für konservativere Anleger bieten sich besonders Infrastrukturinvestments in OECD-Ländern an. Diese profitieren von stabilen regulatorischen Rahmenbedingungen und geringem politischem Risiko [s71]. Ein Privatanleger könnte beispielsweise 10-15% seines Portfolios in internationale Infrastruktur-ETFs oder -Fonds investieren. Multinationale Unternehmen nutzen geografische Diversifikation nicht nur zur Risikostreuung, sondern auch zur Kostenoptimierung und zum Management von Währungsrisiken [s64]. Anleger können von dieser Strategie profitieren, indem sie gezielt in global diversifizierte Unternehmen investieren.

2. 1. 3. Rebalancing-Methoden

Das regelmäßige rebalancing eines Portfolios ist ein wesentlicher Bestandteil des professionellen Vermögensmanagements. Durch Marktschwankungen verschiebt sich die ursprüngliche Gewichtung der verschiedenen Anlageklassen im Zeitverlauf, was zu einer unbeabsichtigten Risikoverschiebung führen kann [s72]. Um die strategische Asset Allocation aufrechtzuerhalten, stehen verschiedene Rebalancing-Methoden zur Verfügung. Die drei Hauptansätze für das Portfolio-Rebalancing sind das periodische Rebalancing, das Toleranzband-Rebalancing und ein hybrider Ansatz [s72]. Beim periodischen Rebalancing wird das Portfolio zu festgelegten Zeitpunkten, beispielsweise vierteljährlich oder jährlich, auf die Zielallokation zurückgeführt. Ein Anleger mit einer 60/40 Aktien/Anleihen-Strategie würde also regelmäßig Umschichtungen vornehmen, um diese Gewichtung wiederherzustellen. Das Toleranzband-Rebalancing erfolgt, sobald die Abweichung von der Zielallokation einen definierten Schwellenwert überschreitet [s72]. Wenn beispielsweise ein 5%-Toleranzband festgelegt wurde, würde bei einer Zielallokation von 60% Aktien erst dann rebalanciert werden, wenn der Aktienanteil auf über 65% steigt oder unter 55% fällt. Diese Methode ist besonders in volatilen Marktphasen effektiv. Der hybride Ansatz kombiniert beide Strategien: Zu festgelegten Zeitpunkten wird überprüft, ob die Abweichungen die definierten Toleranzgrenzen überschreiten [s72]. Nur wenn dies der Fall ist, erfolgt ein Rebalancing. Diese Methode reduziert die Handelsaktivität und damit verbundene Kosten. Moderne Technologie ermöglicht neue Formen des automatisierten Rebalancings. Robo-Advisor überwachen Portfolios kontinuierlich und führen bei Bedarf automatisch Anpassungen durch [s73]. Dies ist besonders für Privatanleger interessant, die eine professionelle Portfolioverwaltung ohne hohe Kosten wünschen. Bei der praktischen Umsetzung des Rebalancings sollten Kosteneffizienz und Steuern berücksichtigt werden. Die kostengünstigste Methode ist die Verwendung von Dividenden, Zinszahlungen oder realisierten Kapitalgewinnen für das Rebalancing [s72]. Statt bestehende Positionen zu verkaufen, können neue Cashflows gezielt in untergewichtete Anlageklassen investiert werden. Fortgeschrittene Rebalancing-Strategien nutzen auch Derivate wie Futures und Optionen [s74]. Diese ermöglichen schnelle und kostengünstige Portfolioanpassungen, erfordern aber entsprechendes Fachwissen. Ein Family Office könnte beispielsweise Index-Futures einsetzen, um die regionale Gewichtung anzupassen, ohne direkt Aktien handeln zu müssen. Ein innovativer Ansatz ist das leistungsbasierte Rebalancing [s75]. Hierbei werden Positionen basierend auf ihrer relativen Performance angepasst. Überperformende Anlagen werden reduziert, um Gewinne zu sichern, während bei unterdurchschnittlicher Entwicklung Verluste realisiert werden können. Diese Strategie erfordert jedoch eine sorgfältige Analyse der Marktbedingungen. Die konstante proportionale Portfolio-Versicherung (CPPI) ist eine dynamische Rebalancing-Strategie, die besonders für risikoaverse Anleger geeignet ist [s76]. Dabei wird ein Mindestbetrag in sicheren Anlagen gehalten, während die Investition in riskante Assets basierend auf der Portfolioentwicklung angepasst wird.

Bei der Implementierung einer Rebalancing-Strategie müssen verschiedene Faktoren berücksichtigt werden:
- Transaktionskosten und Steuern
- Marktliquidität der Anlagen
- Volatilität der Märkte
- Zukünftige Liquiditätsbedürfnisse
- Risikotragfähigkeit des Anlegers

Ein praktischer Tipp für Privatanleger: Nutzen Sie eine Rebalancing-Schwelle von 5% und überprüfen Sie Ihr Portfolio vierteljährlich. Verwenden Sie eingehende Cashflows für Anpassungen und führen Sie größere Umschichtungen idealerweise in steuergünstigen Perioden durch. Während Rebalancing die Portfoliovolatilität reduzieren kann, ist zu beachten, dass häufiges Rebalancing auch die Renditen schmälern kann [s73]. Die optimale Strategie findet eine Balance zwischen Risikokontrolle und Renditeoptimierung unter Berücksichtigung individueller Anlageziele und Kostenfaktoren.

Zusammenfassung - 2. 1. Portfolioaufbau

- Die Asset Allocation bestimmt bis zu 90% des langfristigen Anlageerfolgs
- Multi-Faktor-Modelle ermöglichen eine präzisere Bestimmung der optimalen Vermögensaufteilung über verschiedene Renditequellen
- Ein Portfolio sollte bei Abweichungen von mehr als 5% von der Zielallokation rebalanciert werden
- Alternative Anlagen wie Private Equity und Private Credit bieten oft negative Korrelation zu traditionellen Investments
- ADRs ermöglichen Anlegern den vereinfachten Zugang zu ausländischen Aktien ohne direkten Börsenhandel
- Die Korrelationen zwischen internationalen Märkten sind bei kurz- und mittelfristigen Anlagehorizonten (8-256 Tage) besonders hoch
- Infrastrukturinvestments in OECD-Ländern bieten stabile regulatorische Rahmenbedingungen bei geringem politischem Risiko
- Robo-Advisor führen automatisiertes Portfolio-Rebalancing durch kontinuierliche Überwachung durch
- Die CPPI-Strategie (Constant Proportion Portfolio Insurance) hält einen Mindestbetrag in sicheren Anlagen
- Fortgeschrittene Rebalancing-Strategien nutzen Derivate wie Futures für schnelle und kostengünstige Portfolioanpassungen
- Das leistungsbasierte Rebalancing passt Positionen basierend auf ihrer relativen Performance an

2. 2. Aktives Investieren

Wie unterscheidet sich aktives Investieren von passiven Anlagestrategien? Welche Methoden und Werkzeuge stehen Anlegern zur Verfügung, um gezielt einzelne Wertpapiere auszuwählen? Und welche Rolle spielen dabei fundamentale Unternehmenskennzahlen, technische Chartanalyse und systematische Auswahlprozesse? Aktives Investieren bedeutet, durch gezielte Analyse und Auswahl einzelner Wertpapiere eine überdurchschnittliche Rendite zu erzielen. Anders als beim passiven Investieren, bei dem breite Marktindizes nachgebildet werden, erfordert dieser Ansatz tiefgreifende Kenntnisse verschiedener Analysemethoden sowie ein systematisches Vorgehen bei der Wertpapierauswahl. Die folgenden Abschnitte beleuchten die wichtigsten Werkzeuge des aktiven Investierens - von der klassischen Fundamentalanalyse über technische Chartanalyse bis hin zu modernen Stock-Picking-Strategien. Dabei wird deutlich, dass erfolgreiches aktives Investieren weit mehr ist als das zufällige Auswählen vielversprechender Aktien.

> *„Ein niedriges KGV kann auf eine unterbewertete Aktie hinweisen, während ein hohes KGV möglicherweise überbewertete Aktien kennzeichnet - allerdings sollte man das KGV immer im Branchenkontext betrachten."*

2. 2. 1. Fundamentalanalyse

Die Fundamentalanalyse bildet das Herzstück der klassischen Aktienanalyse und ermöglicht Anlegern, den wahren Wert eines Unternehmens zu ermitteln [s77]. Anders als bei der technischen Analyse, die sich auf Kursmuster konzentriert, geht es hier um die detaillierte Untersuchung der wirtschaftlichen Kennzahlen und Rahmenbedingungen eines Unternehmens. Ein wesentlicher Bestandteil ist die Analyse der Finanzkennzahlen. Nehmen wir als Beispiel das Kurs-Gewinn-Verhältnis (KGV): Ein KGV von 15 bedeutet, dass Anleger das 15-fache des jährlichen Gewinns pro Aktie zahlen. Ein niedriges KGV kann auf eine unterbewertete Aktie hinweisen, während ein hohes KGV möglicherweise überbewertete Aktien kennzeichnet [s78]. Allerdings sollte man das KGV immer im Branchenkontext betrachten - Technologieunternehmen haben typischerweise höhere KGVs als traditionelle Industrieunternehmen. Die Bilanzanalyse spielt eine zentrale Rolle. Hier untersuchen Analysten verschiedene Aspekte wie die Eigenkapitalquote, den Verschuldungsgrad und das Working Capital [s79]. Ein praktisches Beispiel: Eine hohe Eigenkapitalquote von über 30% deutet auf eine solide Finanzstruktur hin und macht das Unternehmen widerstandsfähiger in Krisenzeiten. Anleger sollten besonders auf die Entwicklung dieser Kennzahl im Zeitverlauf achten. Die Gewinn- und Verlustrechnung liefert wichtige Einblicke in die operative Leistungsfähigkeit. Dabei ist nicht nur der absolute Gewinn interessant, sondern auch die Gewinnmargen [s78]. Ein Unternehmen mit einer steigenden EBIT-Marge (Gewinn vor Zinsen und Steuern) zeigt eine verbesserte operative Effizienz. Als Faustregel gilt: Eine EBIT-Marge von über 10% deutet auf ein profitables Geschäftsmodell hin. Moderne Fundamentalanalyse nutzt zunehmend komplexe Bewertungsmodelle wie die Discounted Cash Flow (DCF) Analyse [s77]. Hierbei werden zukünftige Cashflows auf den heutigen Zeitpunkt abgezinst. Ein vereinfachtes Beispiel: Ein Unternehmen, das jährlich stabile Cashflows von 1 Million Euro generiert, könnte bei einem Diskontierungssatz von 8% einen Gegenwartswert von etwa 12,5 Millionen Euro haben. Die Analyse des Geschäftsmodells und der Wettbewerbsposition ist ebenfalls essentiell [s79]. Anleger sollten sich fragen: Hat das Unternehmen einen nachhaltigen Wettbewerbsvorteil? Wie diversifiziert sind die Einnahmequellen? Ein praktisches Beispiel ist Apple mit seinem Ökosystem aus Hardware,

Software und Services, das hohe Wechselkosten für Kunden schafft. Makroökonomische Faktoren müssen ebenfalls berücksichtigt werden. Zinsentwicklung, Inflation und Wirtschaftswachstum beeinflussen die Unternehmensbewertung [s78]. In Zeiten steigender Zinsen leiden beispielsweise oft wachstumsstarke Technologieunternehmen, da ihre zukünftigen Gewinne stärker diskontiert werden. Für die praktische Umsetzung empfiehlt sich ein systematischer Ansatz: Beginnen Sie mit der Analyse der Geschäftszahlen der letzten 3-5 Jahre, achten Sie auf Trends bei Umsatz, Gewinn und Margen. Vergleichen Sie die Kennzahlen mit direkten Wettbewerbern. Nutzen Sie Excel-Tabellen zur Berechnung wichtiger Kennzahlen [s78]. Erstellen Sie eine Watchlist mit interessanten Unternehmen und beobachten Sie diese regelmäßig. Die Fundamentalanalyse erfordert Zeit und Geduld, aber sie ermöglicht fundierte Investitionsentscheidungen. Erfolgreiche Investoren wie Warren Buffett haben bewiesen, dass dieser Ansatz langfristig zu überdurchschnittlichen Renditen führen kann. Wichtig ist dabei, nicht nur einzelne Kennzahlen zu betrachten, sondern ein ganzheitliches Bild des Unternehmens zu entwickeln [s79].

Glossar

Discounted Cash Flow
Eine Bewertungsmethode, die den Unternehmenswert durch Abzinsung aller zukünftigen Geldflüsse auf den heutigen Zeitpunkt berechnet. Berücksichtigt den Zeitwert des Geldes.

EBIT
Earnings Before Interest and Taxes - Eine Kennzahl die den Unternehmensgewinn vor Abzug von Zinsen und Steuern angibt und damit die operative Leistungsfähigkeit eines Unternehmens zeigt.

Working Capital
Die Differenz zwischen Umlaufvermögen und kurzfristigen Verbindlichkeiten eines Unternehmens. Zeigt die verfügbaren Mittel für das operative Geschäft.

2. 2. 2. Technische Analyse

Die technische Analyse ist ein wichtiges Werkzeug für aktive Anleger, die Kursbewegungen an den Finanzmärkten analysieren und profitable Handelsentscheidungen treffen möchten [s80]. Anders als die Fundamentalanalyse konzentriert sich dieser Ansatz auf statistische Trends im Handelsgeschehen, insbesondere auf Preisbewegungen und Handelsvolumen. Ein zentrales Element der technischen Analyse sind Candlestick-Charts, die wichtige Informationen über Kursbewegungen visuell darstellen [s81]. Jede Kerze zeigt den Eröffnungs-, Höchst-, Tiefst- und Schlusskurs einer bestimmten Zeitperiode. Beispielsweise deutet ein "Bullish Engulfing Pattern" - wenn eine grüne Kerze die vorherige rote Kerze vollständig umschließt - auf eine potenzielle Trendwende nach oben hin. Erfahrene Trader achten dabei besonders auf das Handelsvolumen, da Muster mit hohem Volumen eine höhere Erfolgswahrscheinlichkeit aufweisen. Eine innovative Methode zur Analyse des Handelsvolumens ist der On-Balance-Volume-Indikator (OBV) [s82]. Dieser kombiniert Volumen- und Preisdaten, um die Marktstimmung zu messen. Steigt beispielsweise der Kurs einer Aktie bei hohem Volumen, während Kursrückgänge nur bei geringem Volumen auftreten, deutet dies auf einen starken Aufwärtstrend hin. Trader können den OBV mit anderen Indikatoren wie dem Relative Strength Index (RSI) kombinieren, um ihre Handelssignale zu bestätigen. Die Analyse von Preisbewegungen erfordert ein tiefes Verständnis von Marktmustern [s83]. Erfolgreiche Trader entwickeln die Fähigkeit, den "Puls des Marktes" zu lesen und Handelsentscheidungen basierend auf aktuellen Preisbewegungen zu treffen. Ein praktisches Beispiel: Wenn eine Aktie mehrfach an einer bestimmten Preismarke (Unterstützung) nach oben dreht, könnte dies eine günstige Kaufgelegenheit darstellen, sobald der Kurs sich dieser Marke wieder nähert. Die Sentiment-Analyse ergänzt die technische Analyse durch Einblicke in die Psychologie der Marktteilnehmer [s84]. Besonders interessant sind Divergenzen zwischen Marktstimmung und technischen Indikatoren. Wenn beispielsweise die Mehrheit der Anleger extrem pessimistisch ist, der Kurs aber stabile technische Unterstützungen zeigt, könnte dies eine conträre Kaufgelegenheit signalisieren. Für die praktische Umsetzung empfiehlt sich folgende Vorgehensweise: 1. Beginnen Sie mit der Analyse des übergeordneten Trends mittels gleitender Durchschnitte 2. Identifizieren Sie wichtige Unterstützungs- und Widerstandszonen 3. Suchen

Sie nach bestätigenden Candlestick-Mustern 4. Überprüfen Sie das Handelsvolumen und den OBV-Indikator 5. Beachten Sie die aktuelle Marktstimmung 6. Setzen Sie klare Stop-Loss-Orders zur Risikobegrenzung Die technische Analyse funktioniert auf verschiedenen Zeitebenen - vom Minutenchart für Day-Trader bis zum Monatschart für längerfristige Anleger. Wichtig ist die Konsistenz in der gewählten Strategie. Ein Day-Trader könnte beispielsweise auf 5-Minuten-Charts handeln und dabei auf Ausbrüche aus Konsolidierungsphasen achten, während ein Swing-Trader Tagescharts nutzt und auf trendfolgende Strategien setzt. Erfolgreiche technische Analysten kombinieren meist mehrere Indikatoren und Werkzeuge, um ihre Handelssignale zu bestätigen. Sie wissen auch, dass kein System perfekt ist und Risikomanagement entscheidend für den langfristigen Erfolg ist. Eine bewährte Regel lautet, nie mehr als 1-2% des Handelskapitals pro Trade zu riskieren.

Glossar

Candlestick-Charts

Eine aus Japan stammende Darstellungsform von Kursbewegungen, die im 18. Jahrhundert für den Reishandel entwickelt wurde. Die Form der Kerzen ermöglicht es, schnell emotionale Marktreaktionen zu erkennen.

On-Balance-Volume-Indikator

Ein 1963 von Joe Granville entwickelter technischer Indikator, der als einer der ersten das Handelsvolumen zur Preisvorhersage nutzte.

Relative Strength Index

Ein Momentum-Oszillator, der 1978 von J. Welles Wilder entwickelt wurde und Überkauf- sowie Überverkaufssituationen auf einer Skala von 0 bis 100 anzeigt.

Sentiment-Analyse

Eine Methode zur systematischen Auswertung von Marktstimmungen durch Analyse von Medienberichten, Soziale-Medien-Beiträgen und Anlegerumfragen mittels künstlicher Intelligenz.

2. 2. 3. Stock Picking

Stock Picking, die gezielte Auswahl einzelner Aktien, ist eine anspruchsvolle Kunst, die sowohl analytische Fähigkeiten als auch ein tiefes Marktverständnis erfordert. Peter Lynch, einer der erfolgreichsten Fondsmanager aller Zeiten, vertritt die These, dass Privatanleger durchaus Vorteile gegenüber institutionellen Investoren haben können, da sie flexibler agieren und nicht durch starre Anlagerichtlinien eingeschränkt sind [s85]. Ein wesentlicher Aspekt des erfolgreichen Stock Pickings ist die Kategorisierung von Unternehmen. Lynch unterscheidet dabei sechs verschiedene Typen: Von langsam wachsenden Unternehmen über "Stalwarts" (etablierte Großunternehmen) bis hin zu schnell wachsenden Firmen, zyklischen Unternehmen, Turnaround-Kandidaten und Asset Plays (Unternehmen mit wertvollen Vermögenswerten) [s85]. Diese Kategorisierung hilft Anlegern, realistische Erwartungen zu entwickeln und ihre Anlageentscheidungen entsprechend anzupassen. Die moderne Technologie eröffnet dabei neue Möglichkeiten für das Stock Picking. Große Sprachmodelle (LLMs) können heute enorme Datenmengen analysieren und dabei Muster erkennen, die dem menschlichen Auge möglicherweise verborgen bleiben [s86]. Ein praktisches Beispiel: Ein LLM könnte Tausende von Geschäftsberichten und Nachrichten in Sekundenschnelle durchforsten und potenzielle Investmentchancen identifizieren, die auf traditionellem Wege übersehen worden wären. Besonders interessant ist der sogenannte Lead-Lag-Effekt, der zeigt, dass bestimmte Aktien als Frühindikatoren für die Entwicklung anderer Aktien dienen können [s87]. Ein Beispiel: Wenn die Aktie eines Chipherstellers steigt, folgen oft mit einer gewissen Verzögerung die Aktien seiner Zulieferer. Kluge Investoren können diese Zusammenhänge nutzen, um ihre Anlageentscheidungen zu optimieren. Die Volatilitäts-quantitative Anlagestrategie hat sich als vielversprechender Ansatz erwiesen [s88]. Dabei werden Volatilitätsprognosen mit historischen Trends kombiniert, um Kauf- und Verkaufsentscheidungen zu treffen. Ein konkretes Beispiel: Wenn die prognostizierte Volatilität einer Aktie niedrig ist, während der historische Trend aufwärts zeigt, könnte dies ein günstiger Einstiegszeitpunkt sein. Die Kombination von technischer Analyse und künstlicher Intelligenz eröffnet neue Dimensionen im Stock Picking [s89]. Moderne Algorithmen können nicht nur Kursmuster erkennen, sondern auch deren Erfolgswahrscheinlichkeit berechnen. Ein praktischer Ansatz wäre, nur dann in eine Aktie zu investieren, wenn sowohl die technischen Indikatoren als auch die KI-gestützten Prognosen übereinstimmend positive Signale liefern. Lynch betont die Bedeutung des "Bottom-up"-Ansatzes: Investoren sollten sich auf Unternehmen konzentrieren, die sie verstehen und deren Geschäftsmodell sie nachvollziehen können [s85]. Ein Beispiel: Ein Mediziner könnte aufgrund seiner Fachkenntnisse besonders gut einschätzen, welche neuen Medizintechnologien vielversprechend sind. Für die praktische Umsetzung empfiehlt sich folgende Vorgehensweise: 1. Erstellen Sie eine Watchlist von Unternehmen aus Branchen, die Sie verstehen 2. Kategorisieren Sie diese nach den Lynch-Kriterien 3. Nutzen Sie moderne Tools zur Datenanalyse 4. Beobachten Sie Lead-Lag-Beziehungen 5. Implementieren Sie ein systematisches Risikomanagement 6. Überprüfen Sie regelmäßig, ob die ursprüngliche Investmentthese noch gültig ist Ein häufiger Fehler ist übermäßige Diversifikation. Lynch warnt davor, zu viele Aktien zu halten, die man nicht gründlich analysieren kann [s85]. Besser ist es, sich auf eine überschaubare Anzahl von Unternehmen zu konzentrieren und diese dafür intensiv zu verfolgen. Die Kombination aus fundamentaler Analyse, technischen Indikatoren und modernen Technologien ermöglicht es Anlegern, fundierte Anlageentscheidungen zu treffen [s86]. Dabei ist es wichtig, einen systematischen Ansatz zu verfolgen und emotional getriebene Entscheidungen zu vermeiden.

Glossar

Bottom-up
Analysemethode, die bei einzelnen Unternehmen beginnt und deren spezifische Eigenschaften untersucht, statt vom Gesamtmarkt auszugehen

Lead-Lag-Effekt
Ein Phänomen an der Börse, bei dem Preisänderungen eines Finanzinstruments zeitversetzt Auswirkungen auf andere, verwandte Instrumente haben

Stalwart
Große, etablierte Unternehmen mit stabiler Marktposition und moderatem Wachstum, die auch in schwierigen Wirtschaftsphasen relativ beständig bleiben

Stock Picking
Eine Anlagestrategie, bei der einzelne Aktien basierend auf spezifischen Kriterien und Analysen ausgewählt werden, statt in breite Marktindizes zu investieren

Watchlist
Eine persönliche Liste von Aktien oder anderen Wertpapieren, die ein Anleger beobachtet und für potenzielle Investments in Betracht zieht

Zusammenfassung - 2. 2. Aktives Investieren

- Die Fundamentalanalyse nutzt das KGV als Schlüsselindikator, wobei ein KGV von 15 als Richtwert gilt und Technologieunternehmen typischerweise höhere Werte aufweisen
- Eine Eigenkapitalquote über 30% deutet auf solide Finanzstrukturen hin, während eine EBIT-Marge über 10% profitable Geschäftsmodelle kennzeichnet
- Die DCF-Analyse ermöglicht die Bewertung zukünftiger Cashflows durch Abzinsung auf den Gegenwartswert
- Der On-Balance-Volume-Indikator kombiniert Volumen- und Preisdaten zur Messung der Marktstimmung
- Candlestick-Muster wie das "Bullish Engulfing Pattern" signalisieren potenzielle Trendwenden
- Peter Lynch kategorisiert Aktien in sechs Typen: Slow Growers, Stalwarts, Fast Growers, Cyclicals, Turnarounds und Asset Plays
- Der Lead-Lag-Effekt zeigt, dass bestimmte Aktien als Frühindikatoren für andere Wertpapiere dienen können
- Die Volatilitäts-quantitative Strategie kombiniert Volatilitätsprognosen mit historischen Trends für Handelsentscheidungen
- Moderne KI-Systeme können Tausende Geschäftsberichte analysieren und versteckte Investmentchancen identifizieren
- Lynch empfiehlt einen "Bottom-up"-Ansatz und warnt vor übermäßiger Diversifikation im Portfolio

2. 3. Passives Investieren

Wie lässt sich ein Vermögen aufbauen, ohne ständig den Markt zu beobachten und täglich Handelsentscheidungen zu treffen? Ist es möglich, auch mit begrenztem Finanzwissen erfolgreich an der Börse zu investieren? Diese Fragen beschäftigen viele Menschen, die nach Wegen suchen, ihr Geld langfristig und systematisch anzulegen. Passives Investieren hat sich in den letzten Jahrzehnten als effektive Anlagestrategie etabliert. Der Ansatz basiert auf der Erkenntnis, dass die meisten aktiven Fondsmanager ihre Vergleichsindizes langfristig nicht übertreffen können. Stattdessen setzen passive Investoren auf breit gestreute, kostengünstige Anlageprodukte wie ETFs (Exchange Traded Funds) und verfolgen einen systematischen, langfristigen Ansatz. Die Vorteile dieser Strategie liegen auf der Hand: Niedrige Kosten, breite Diversifikation und minimaler Zeitaufwand machen passives Investieren besonders für Privatanleger attraktiv. Doch wie lässt sich diese Anlagestrategie konkret umsetzen? Welche Instrumente eignen sich am besten und worauf sollte man bei der Umsetzung achten? Die folgenden Abschnitte zeigen, wie Sie mit ETF-Sparplänen, konsequenter Kostenminimierung und einer durchdachten Buy-and-Hold Strategie systematisch Vermögen aufbauen können - auch ohne täglich den Markt zu verfolgen oder komplexe Anlageentscheidungen treffen zu müssen.

„90% der aktiven Fondsmanager schaffen es nicht, ihre Benchmarks über einen Zeitraum von zehn Jahren zu übertreffen.“

2. 3. 1. ETF-Sparplan Aufbau

Ein ETF-Sparplan ist ein effektiver Weg für langfristigen Vermögensaufbau durch passives Investieren. In den letzten drei Jahrzehnten hat sich diese Anlageform stark entwickelt und macht heute bereits 50% des weltweiten Aktieninvestments in Investmentfonds und ETFs aus [s90]. Der Grund für diesen Erfolg liegt in der Kombination aus Kosteneffizienz, breiter Diversifikation und minimalem Zeitaufwand [s91]. Bei der Einrichtung eines ETF-Sparplans erfolgt das Investieren automatisiert: Ein festgelegter Betrag wird monatlich in ausgewählte ETFs investiert [s92]. Beispielsweise könnte man einen Sparplan mit 200 Euro monatlich in einen weltweit streuenden ETF wie den MSCI World einrichten. Die Automation hilft dabei, emotional getriebene Investitionsentscheidungen zu vermeiden und diszipliniert am Investmentplan festzuhalten. Ein wesentlicher Vorteil von ETF-Sparplänen ist der exklusive Zugang zu kostengünstigen Anlageinstrumenten mit breiter Marktdiversifikation [s93]. Im Gegensatz zu aktiv gemanagten Fonds, bei denen etwa 90% der Manager ihre Benchmarks über einen Zeitraum von zehn Jahren nicht übertreffen [s90], bieten ETFs eine kostengünstige Alternative. Ein praktischer Tipp ist hier, bei der ETF-Auswahl besonders auf die Gesamtkostenquote (TER) zu achten - diese sollte idealerweise unter 0,5% pro Jahr liegen.

Die Diversifikation des Portfolios lässt sich durch die Kombination verschiedener ETFs optimal gestalten [s94]. Eine bewährte Strategie ist beispielsweise die Aufteilung in:
- 70% globale Aktien-ETFs (z.B. MSCI World)
- 20% Schwellenländer-ETFs (z.B. MSCI Emerging Markets)
- 10% Anleihen-ETFs zur Risikoreduktion

Wichtig für den langfristigen Erfolg ist das regelmäßige rebalancing des Portfolios, das idealerweise einmal jährlich durchgeführt werden sollte [s92]. Dabei wird die ursprüngliche Gewichtung der verschiedenen ETFs wiederhergestellt, indem übergewichtete Positionen reduziert und untergewichtete aufgestockt werden. Ein weiterer wichtiger Aspekt ist die steuerliche Optimierung. Passive Investitionen können signifikante Steuervorteile bieten [s95]. Bei der Strukturierung des Portfolios sollte man daher die steuerliche Behandlung verschiedener ETF-Arten (ausschüttend vs. thesaurierend) berücksichtigen. Die Inflation sollte bei der langfristigen Planung nicht außer Acht gelassen werden [s92]. Es empfiehlt sich, die monatlichen Sparbeiträge regelmäßig zu erhöhen. Eine praktische Faustregel ist, den Sparbetrag jährlich um 3-5% anzuheben, um der Geldentwertung entgegenzuwirken. Für nachhaltig orientierte Anleger bietet der ETF-Markt mittlerweile auch zahlreiche ESG-konforme Produkte [s92]. Diese berücksichtigen bei der Zusammenstellung des Index zusätzlich ökologische, soziale und Governance-Kriterien. Ein häufig unterschätzter Vorteil von ETF-Sparplänen ist ihre Liquidität und Transparenz [s96]. Anders als bei vielen anderen Anlageformen können ETFs direkt über die Börse gehandelt werden, was eine hohe Flexibilität gewährleistet. Die Preisbildung erfolgt transparent und die aktuellen Kurse sind jederzeit einsehbar. Für den langfristigen Erfolg ist es wichtig, regelmäßig (mindestens einmal jährlich) die Performance und Kostenstruktur des Portfolios zu überprüfen [s92]. Dabei sollte man auch prüfen, ob die gewählte Strategie noch zu den persönlichen Zielen und der Risikotoleranz passt. Der Zinseszinseffekt spielt bei ETF-Sparplänen eine zentrale Rolle [s91]. Bei einem monatlichen Sparbetrag von 300 Euro und einer durchschnittlichen jährlichen Rendite von 7% würde man nach 30 Jahren theoretisch ein Vermögen von über 340.000 Euro aufbauen. Dies verdeutlicht das enorme Potenzial des langfristigen, systematischen Sparens mit ETFs.

Glossar

ESG

Environmental, Social and Governance - Bewertungskriterien für nachhaltige Investments, die Umweltaspekte, soziale Verantwortung und Unternehmensführung berücksichtigen

MSCI World

Ein Aktienindex der Morgan Stanley Capital International, der über 1.500 Aktien aus 23 Industrieländern enthält

TER

Total Expense Ratio - Eine Kennzahl, die alle jährlichen Kosten eines Fonds zusammenfasst, einschließlich Verwaltungsgebühren und operativer Kosten

2. 3. 2. Kostenminimierung

Die Kostenminimierung ist ein zentraler Erfolgsfaktor beim passiven Investieren, da selbst kleine Gebührenunterschiede über lange Zeiträume erhebliche Auswirkungen auf die Gesamtrendite haben. In den letzten Jahrzehnten hat sich hier eine sehr positive Entwicklung gezeigt: Die durchschnittlichen Gebühren für passive Fonds sind von 30 Basispunkten (0,30%) im Jahr 1990 auf nur noch 13 Basispunkte (0,13%) im Jahr 2019 gefallen [s97]. Diese Entwicklung ermöglicht es immer mehr Menschen, kostengünstig am Finanzmarkt zu partizipieren. Ein wesentlicher Treiber dieser Kostensenkung ist der zunehmende Wettbewerb unter den Anbietern. Assetmanager stehen unter konstantem Druck, ihre Gebühren zu reduzieren [s98]. Dies zeigt sich besonders deutlich in den unterschiedlichen Märkten, wo die Kosten für passive Produkte je nach Land um 40% bis 74% gesunken sind [s98]. Als Anleger sollte man diesen Trend nutzen und regelmäßig die eigenen ETFs auf günstigere Alternativen überprüfen. Die Einführung transparenterer Anteilsklassen hat ebenfalls zur Gebührensenkung beigetragen [s98]. Für Anleger bedeutet dies konkret: Vor dem Kauf eines ETFs sollten verschiedene Anteilsklassen desselben Produkts verglichen werden. Oft gibt es identische ETFs mit unterschiedlichen Gebührenstrukturen. Ein praktischer Tipp ist hier die Nutzung von ETF-Vergleichsportalen, die eine schnelle Gegenüberstellung ermöglichen. Ein weiterer Kostenfaktor sind die Handelskosten beim Kauf und Verkauf von ETFs. Die sinkenden Handelskosten [s97] sollten Anleger durch die Wahl eines günstigen Brokers und die Nutzung von Sparplanausführungen optimal ausnutzen. Ein konkretes Beispiel: Statt monatlich kleine Einzelkäufe zu tätigen, kann es sinnvoll sein, die Sparrate quartalsweise zu investieren, um Ordergebühren zu sparen. Für nachhaltigkeitsorientierte Anleger bietet sich die Integration eines passiven Low-Carbon-Index als kosteneffektive Lösung an [s99]. Diese Strategie ermöglicht es, Nachhaltigkeitsziele zu verfolgen, ohne dabei übermäßige Zusatzkosten zu generieren. Eine empfohlene Allokation von 20% in einen Low Carbon Target Index kann dabei helfen, die Portfolioemissionen in einem risikokontrollierten Rahmen zu reduzieren [s99]. Das Prinzip des Dollar-Cost-Averaging trägt ebenfalls zur Kosteneffizienz bei [s100]. Durch regelmäßige, gleichbleibende Investitionen werden Timing-Risiken reduziert und emotionale Entscheidungen vermieden, die oft zu höheren Transaktionskosten führen.

Ein praktischer Ansatz ist hier die Einrichtung eines automatischen Sparplans mit festen monatlichen Beträgen.

Die gestiegene Preis-Effizienz durch mehr passive Investoren [s97] kommt allen Marktteilnehmern zugute. Allerdings sollten Anleger weiterhin wachsam bleiben und regelmäßig ihre Kostenstruktur überprüfen. Ein jährlicher "Kosten-Check" sollte folgende Punkte umfassen:
- Vergleich der ter mit aktuellen Marktangeboten
- Überprüfung der Ordergebühren und Sparplankonditionen
- Analyse der Tracking Difference zur Identifikation versteckter Kosten
- Bewertung der steuerlichen Effizienz der gewählten ETF-Varianten

Aufsichtsbehörden unterstützen aktiv die Entwicklung zu niedrigeren Gebühren, indem sie darauf achten, dass Investoren Zugang zu den kostengünstigsten Anteilsklassen haben [s98]. Als Anleger sollte man diese Entwicklung im Auge behalten und gegebenenfalls in günstigere Anteilsklassen wechseln, sobald diese verfügbar werden. Die Kombination all dieser kostenminimierenden Maßnahmen kann über lange Zeiträume zu erheblichen Ersparnissen führen. Ein Beispiel: Bei einem Portfolio von 100.000 Euro macht ein Unterschied von 0,2% in den jährlichen Gebühren über 30 Jahre bei einer angenommenen Rendite von 7% einen Unterschied von mehr als 40.000 Euro im Endvermögen aus.

2. 3. 3. Buy-and-Hold Taktiken

Die Buy-and-Hold Strategie hat sich als eine der erfolgreichsten Anlagemethoden für langfristigen Vermögensaufbau etabliert. Diese Herangehensweise basiert auf dem Grundprinzip, Wertpapiere über lange Zeiträume zu halten und nicht auf kurzfristige Marktschwankungen zu reagieren [s101]. Ein wesentlicher Aspekt dieser Strategie ist die emotionale Disziplin. Statt auf tägliche Kursschwankungen zu reagieren, konzentrieren sich erfolgreiche Buy-and-Hold Investoren auf ihre langfristigen Ziele [s102]. Ein praktischer Ansatz ist es, das Investieren wie eine monatliche Pflicht zu betrachten - ähnlich einer Steuer [s103]. Dies hilft dabei, auch in turbulenten Marktphasen an der Strategie festzuhalten. Die Auswahl der richtigen Investments spielt eine zentrale Rolle. Dabei sollten Anleger in Unternehmen oder Indizes investieren, von deren langfristiger Entwicklung sie überzeugt sind [s103]. Ein konkretes Beispiel: Statt in einzelne Technologieaktien zu investieren, könnte man einen breit diversifizierten Tech-Index wählen, der die gesamte Branchenentwicklung abbildet. Marktkorrekturen bieten für Buy-and-Hold Investoren besondere Chancen. Fallende Kurse sollten nicht als Bedrohung, sondern als Kaufgelegenheit gesehen werden [s103]. Eine bewährte Taktik ist es, in solchen Phasen die regelmäßigen Investitionen sogar zu erhöhen. Beispielsweise könnte man bei einem Kursrückgang von mehr als 20% die monatliche Sparrate verdoppeln. Die zunehmende Popularität des passiven Investierens hat allerdings auch Auswirkungen auf die Märkte. Studien zeigen, dass der steigende Anteil passiver Investments zu höherer Volatilität und geringerer Marktliquidität führen kann [s101]. Für Buy-and-Hold Investoren ist dies jedoch weniger relevant, da sie nicht auf kurzfristige Handelsmöglichkeiten angewiesen sind. Ein wichtiger Aspekt der Buy-and-Hold Strategie ist das regelmäßige Portfolio-Review. Auch wenn man nicht aktiv handelt, sollte man mindestens einmal jährlich prüfen, ob die gewählten Investments noch zur eigenen Strategie passen [s104]. Dabei geht es nicht um kurzfristige Performance, sondern um die Überprüfung der grundlegenden Investmentthese.

Die Entwicklung einer persönlichen Anlagestrategie ist fundamental für den Erfolg. Diese sollte die individuelle Risikobereitschaft berücksichtigen und klare Ziele definieren [s103]. Ein praktischer Ansatz ist die Erstellung eines schriftlichen Investmentplans, der folgende Punkte enthält:

- Langfristige Anlageziele (z.B. Altersvorsorge)
- Gewünschte Vermögensverteilung
- Kriterien für Kaufentscheidungen
- Regeln für eventuelle Verkäufe
- Strategien für Marktkrisen

Besonders in volatilen Marktphasen zeigt sich die Stärke der Buy-and-Hold Strategie. Während viele Anleger in Panik verkaufen, bleiben langfristig orientierte Investoren ihrer Strategie treu [s102]. Historische Daten zeigen, dass dieser Ansatz über lange Zeiträume meist erfolgreicher ist als aktives Trading. Die psychologische Komponente des Buy-and-Hold Investierens sollte nicht unterschätzt werden. Es erfordert Disziplin, bei fallenden Kursen nicht in Panik zu verfallen und bei steigenden Kursen nicht der Gier zu verfallen [s101]. Eine bewährte Methode ist das Führen eines Investmenttagebuchs, in dem man seine Entscheidungen und die zugrundeliegenden Überlegungen dokumentiert. Für die erfolgreiche Umsetzung einer Buy-and-Hold Strategie ist es wichtig, realistische Erwartungen zu haben. Kursschwankungen von 20% oder mehr sind normal und sollten eingeplant werden [s101]. Ein praktischer Tipp ist, sich bereits im Vorfeld Handlungsstrategien für verschiedene Marktszenarien zu überlegen.

Glossar

Buy-and-Hold
Eine Anlagestrategie, bei der Wertpapiere für sehr lange Zeit (oft mehrere Jahrzehnte) gehalten werden. Der Ansatz basiert auf der Erkenntnis, dass Timing des Marktes sehr schwierig ist und die meisten Gewinne durch geduldiges Halten entstehen.

Portfolio-Review
Eine systematische Überprüfung aller Anlagen im Depot, bei der die Zusammensetzung, Gewichtung und Ausrichtung der Investments analysiert wird.

Volatilität
Ein Maß für die Schwankungsbreite von Kursen. Je höher die Volatilität, desto stärker und häufiger schwanken die Preise nach oben und unten.

Zusammenfassung - 2. 3. Passives Investieren

- ETF-Sparplan-Investments machen heute bereits 50% des weltweiten Aktieninvestments in Investmentfonds aus
- 90% der aktiven Fondsmanager übertreffen ihre Benchmarks über 10 Jahre nicht
- Eine bewährte ETF-Portfolio-Strategie ist: 70% globale Aktien, 20% Schwellenländer, 10% Anleihen
- Die durchschnittlichen Gebühren für passive Fonds sind von 0,30% (1990) auf 0,13% (2019) gefallen
- Die Kosten für passive Produkte sind je nach Markt um 40% bis 74% gesunken
- Ein Portfolio von 100.000€ mit 0,2% niedrigeren Gebühren erzielt bei 7% Rendite nach 30 Jahren 40.000€ mehr
- Steigende passive Investments können zu höherer Volatilität und geringerer Marktliquidität führen
- Bei einem monatlichen Sparbetrag von 300€ und 7% Rendite erreicht man nach 30 Jahren theoretisch 340.000€
- Eine praktische Strategie ist die Verdopplung der Sparrate bei Kursrückgängen über 20%
- Die Integration eines passiven Low-Carbon-Index mit 20% Allokation reduziert Portfolioemissionen kontrolliert

Rückblick - 2. Investmentstrategien

- Die Asset Allocation bestimmt als wichtigster Erfolgsfaktor den langfristigen Anlageerfolg, wobei Multi-Faktor-Modelle eine präzisere Vermögensaufteilung ermöglichen.
- Korrelationen zwischen internationalen Märkten sind bei kurz- und mittelfristigen Anlagehorizonten relativ hoch, was die Diversifikationseffekte einschränkt.
- Die Volatilitäts-quantitative Anlagestrategie kombiniert Volatilitätsprognosen mit historischen Trends für Handelsentscheidungen.
- Der Lead-Lag-Effekt zeigt, dass bestimmte Aktien als Frühindikatoren für die Entwicklung anderer Aktien dienen können.
- Die durchschnittlichen Gebühren für passive Fonds sind von 0,30% im Jahr 1990 auf nur noch 0,13% im Jahr 2019 gefallen.
- Die Integration eines passiven Low-Carbon-Index mit 20% Allokation kann Portfolioemissionen in einem risikokontrollierten Rahmen reduzieren.
- Ein Unterschied von 0,2% in den jährlichen Gebühren macht bei 100.000€ über 30 Jahre mehr als 40.000€ Differenz im Endvermögen aus.
- Der steigende Anteil passiver Investments kann zu höherer Volatilität und geringerer Marktliquidität führen.
- Etwa 90% der aktiven Fondsmanager übertreffen ihre Benchmarks über einen Zeitraum von zehn Jahren nicht.
- Während diese Strategien den Vermögensaufbau optimieren, stellt sich die Frage, wie das aufgebaute Vermögen langfristig gegen Inflation, Marktrisiken und andere Bedrohungen geschützt werden kann.

3. Vermögenssicherung

Die Sicherung und der Schutz des aufgebauten Vermögens sind entscheidende Faktoren für nachhaltigen Anlageerfolg an der Börse. Doch wie lässt sich ein Portfolio effektiv gegen Marktschwankungen, rechtliche Risiken und steuerliche Fallstricke absichern? Welche Strategien haben sich in der Praxis bewährt, um das hart erarbeitete Kapital langfristig zu bewahren? Die Kombination aus systematischem Risikomanagement, steueroptimierter Strukturierung und rechtlicher Absicherung bildet das Fundament für eine robuste Vermögenssicherung. Dabei geht es nicht nur um einzelne Maßnahmen, sondern um ein durchdachtes Gesamtkonzept, das verschiedene Schutzebenen miteinander verbindet. Von der richtigen Stop-Loss-Strategie über effiziente Hedging-Techniken bis hin zu maßgeschneiderten Asset Protection Lösungen - die Möglichkeiten zur Vermögenssicherung sind vielfältig. Entscheidend ist dabei das Zusammenspiel der einzelnen Komponenten und deren Abstimmung auf die persönliche Situation. Die folgenden Kapitel zeigen praxiserprobte Methoden und Strategien, mit denen Sie Ihr Börsenvermögen systematisch absichern und vor verschiedenen Risiken schützen können. Dabei erfahren Sie nicht nur was zu tun ist, sondern auch wie Sie die vorgestellten Konzepte Schritt für Schritt in Ihre eigene Anlagestrategie integrieren.

3. 1. Risikomanagement

Die Frage nach dem richtigen Umgang mit Risiken an der Börse beschäftigt Anleger seit jeher. Wie viel Kapital sollte man maximal in eine einzelne Position investieren? Welche Absicherungsstrategien sind wirklich effektiv? Und wie lässt sich ein Portfolio systematisch gegen Marktverwerfungen schützen? Das professionelle Risikomanagement unterscheidet sich fundamental von der intuitiven Herangehensweise vieler Privatanleger. Während letztere oft aus dem Bauch heraus entscheiden, basiert erfolgreiches Risikomanagement auf klaren Regeln und systematischen Prozessen. Diese helfen dabei, auch in turbulenten Marktphasen rational zu handeln und das eigene Vermögen nachhaltig zu schützen. Die folgenden Abschnitte zeigen konkrete Methoden und Strategien, mit denen Sie Ihr Portfolio effektiv absichern und gleichzeitig attraktive Renditen erzielen können. Dabei wird deutlich: Professionelles Risikomanagement ist keine Einschränkung der Renditechancen, sondern deren notwendige Voraussetzung.

> *„Erfahrene Daytrader riskieren typischerweise nie mehr als 1% ihres Gesamtportfolios in einem einzelnen Trade."*

3. 1. 1. Stop-Loss Strategien

Stop-Loss Strategien sind ein fundamentaler Baustein für erfolgreiches Risikomanagement an der Börse. Sie fungieren als eine Art "Notbremse", die automatisch aktiviert wird, wenn Investments eine vorab definierte Verlustgrenze erreichen [s105]. Diese systematische Herangehensweise hilft Anlegern dabei, emotionale Entscheidungen zu vermeiden und ihr Kapital effektiv zu schützen. Ein grundlegendes Prinzip des erfolgreichen Tradings ist die 1%-Regel: Erfahrene Daytrader riskieren typischerweise nie mehr als 1% ihres Gesamtportfolios in einem einzelnen Trade [s106]. Nehmen wir als Beispiel ein Depot von 50.000 Euro - hier würde der maximale Verlust pro Trade bei 500 Euro liegen. Diese Begrenzung hilft dabei, auch bei einer Serie von Verlusten handlungsfähig zu bleiben. Bei der praktischen Umsetzung von Stop-Loss Strategien gibt es verschiedene Ansätze. Der klassische Stop-Loss ist ein fester Kurs, bei dem die Position automatisch geschlossen wird. Eine fortgeschrittene Variante ist der Trailing-Stop-Loss, der sich mit steigenden Kursen nach oben anpasst und so bereits erzielte Gewinne absichert [s105]. Beispielsweise könnte bei einer Aktie, die bei 100 Euro gekauft wurde, ein Trailing-Stop von 5% gesetzt werden. Steigt der Kurs auf 110 Euro, würde sich der Stop-Loss automatisch auf 104,50 Euro anheben. Die Positionsgröße spielt eine entscheidende Rolle beim Risikomanagement [s107]. Je größer die Position, desto wichtiger wird eine präzise Stop-Loss-Strategie. Ein praktischer Ansatz ist es, die Positionsgröße an die Volatilität des Instruments anzupassen. Bei hochvolatilen Aktien sollte die Position kleiner sein, um den weiteren Stop-Loss zu kompensieren. Eine häufige Herausforderung ist das "Ausstoppen" durch kurzfristige Kursschwankungen. Marktmacher und große Hedgefonds versuchen oft, kleinere Anleger aus ihren Positionen zu drängen [s108]. Um dies zu vermeiden, ist es ratsam, Stop-Loss-Marken nicht an offensichtlichen technischen Levels zu setzen und einen gewissen Puffer einzukalkulieren. Bei der Festlegung von Stop-Loss-Levels sollte man auch die verwendete Handelsstrategie berücksichtigen. Während Stop-Loss-Orders bei Momentum-Strategien besonders wichtig sind, können sie bei Mean-Reversion-Strategien kontraproduktiv sein [s109]. Ein praktischer Kompromiss ist es, bei Mean-Reversion-Strategien weitere Stops zu setzen und gegebenenfalls die Positionsgröße zu reduzieren. Für ein nachhaltiges Risikomanagement ist es essentiell, nicht nur einzelne Trades, sondern auch das Gesamtrisiko im Blick zu behalten. Erfahrene Trader setzen sich Limits für maximale Tages- und Wochenverluste [s107]. Ein bewährter Ansatz ist es, bei Erreichen des Tageslimits den Handel einzustellen und erst am nächsten Tag mit klarem Kopf weiterzumachen. Die Diversifikation über verschiedene Vermögenswerte, Sektoren und Strategien ist ein weiterer wichtiger Aspekt des Risikomanagements [s105]. Dadurch wird verhindert, dass einzelne Ereignisse das gesamte Portfolio stark beeinflussen. Eine praktische Faustregel ist es, nicht mehr als 20% des Portfolios in einem einzelnen Sektor zu investieren. Die konsequente Umsetzung der Stop-Loss-Strategie erfordert Disziplin [s110]. Es ist wichtig, die festgelegten Regeln auch dann einzuhalten, wenn Emotionen dagegen sprechen. Ein bewährter Ansatz ist es, die Stop-Loss-Strategie schriftlich zu dokumentieren und regelmäßig zu überprüfen. Hedging-Strategien können Stop-Loss-Orders sinnvoll ergänzen [s105]. Statt Positionen komplett zu schließen, können gegenläufige Positionen aufgebaut werden. Dies ist besonders in volatilen Marktphasen nützlich, wenn man langfristig investiert bleiben, aber kurzfristige Risiken absichern möchte.

Glossar

Trailing-Stop-Loss
Eine dynamische Stop-Loss-Variante, die sich automatisch an neue Höchststände anpasst. Der Abstand zum aktuellen Kurs bleibt dabei prozentual oder absolut gleich.

Hedgefonds
Investmentfonds mit speziellen Anlagestrategien, die sowohl in fallenden als auch steigenden Märkten Gewinne erzielen können. Oft mit höherem Risiko verbunden.

Mean-Reversion-Strategie
Handelsstrategie, die davon ausgeht, dass Kurse zu ihrem Durchschnittswert zurückkehren. Kauft bei starken Kursrückgängen und verkauft bei Erholungen.

Momentum-Strategie
Anlagestrategie, die darauf basiert, dass sich bestehende Kurstrends fortsetzen. Kauft steigende und verkauft fallende Werte.

Stop-Loss
Eine Verkaufsorder, die automatisch ausgeführt wird, wenn ein Wertpapier eine bestimmte Preisgrenze unterschreitet. Dient als Absicherung gegen größere Verluste.

3. 1. 2. Hedging-Techniken

Hedging-Techniken sind fortgeschrittene Methoden des Risikomanagements, die es Anlegern ermöglichen, ihre Portfolios gegen verschiedene Marktrisiken abzusichern. Anders als bei Stop-Loss-Strategien müssen Positionen dabei nicht zwangsläufig geschlossen werden, sondern können durch gegenläufige Positionen abgesichert werden [s111]. Eine klassische Hedging-Strategie ist der Einsatz von Put-Optionen als "Versicherung" für Aktienpositionen. Nehmen wir an, ein Anleger hält 1000 Aktien eines Unternehmens zum Kurs von 50 Euro. Um sich gegen Kursverluste abzusichern, könnte er Put-Optionen mit einem Ausübungspreis von 45 Euro erwerben. Diese Strategie wird als "Protective Put" bezeichnet und begrenzt den maximalen Verlust, während die Gewinnchancen erhalten bleiben [s112]. Die Portfolio-Versicherung ist eine besonders bei institutionellen Investoren beliebte Hedging-Technik. Sie kommt vor allem in Phasen erhöhter Marktunsicherheit zum Einsatz und ermöglicht es, Verlustrisiken zu begrenzen, ohne das Portfolio umstrukturieren zu müssen [s113]. Ein praktisches Beispiel wäre ein Pensionsfonds, der sein Aktienportfolio durch den systematischen Kauf von Put-Optionen oder den Aufbau von Short-Futures-Positionen absichert. Der Einsatz von Zinsderivaten ist eine weitere wichtige Hedging-Technik, die besonders für Unternehmen und institutionelle Anleger relevant ist. Dabei ist es essentiell, dass alle Beteiligten die Mechanismen und Risiken vollständig verstehen [s114]. Ein mittelständisches Unternehmen könnte beispielsweise zinsswaps nutzen, um sich gegen steigende Zinsen bei variabel verzinsten Krediten abzusichern. Ein professionelles Hedging-Programm erfordert ein ausgefeiltes Limitensystem zur Überwachung der Risikopositionen [s114]. Dabei sollten klare Schwellenwerte definiert werden, bei deren Überschreitung konkrete Maßnahmen ergriffen werden. Ein praktischer Ansatz ist die Einführung eines Ampelsystems: Grün für normales Risiko, Gelb für erhöhte Aufmerksamkeit und Rot für sofortigen Handlungsbedarf. Die Messung und Überwachung verschiedener Risikoarten wie Markt-, Zins- und Kreditrisiken ist fundamental für erfolgreiches Hedging [s115]. Moderne Risikomanagementsysteme ermöglichen eine kontinuierliche Überwachung dieser Parameter. Ein Portfolio-Manager könnte beispielsweise täglich Value-at-Risk-Berechnungen durchführen, um das aktuelle Risikoprofil zu bewerten. Bei der Implementierung von Hedging-Strategien ist es wichtig, die Kosten-Nutzen-Relation im Auge zu behalten. Nicht jedes Risiko muss oder sollte gehedgt werden. Eine praktische Faustregel ist es, nur signifikante Risiken abzusichern, die das Potenzial haben, substantielle Verluste zu verursachen. Cross-Hedging ist eine fortgeschrittene Technik, bei der Risiken durch Instrumente abgesichert werden, die nicht perfekt mit dem Basiswert korrelieren. Dies kann sinnvoll sein, wenn keine direkten Hedging-Instrumente verfügbar oder diese zu teuer sind. Ein Rohstoffproduzent könnte beispielsweise sein Preisrisiko durch Futures auf ähnliche Rohstoffe absichern. Die dynamische Anpassung von Hedging-Positionen ist oft notwendig, da sich Marktbedingungen und Korrelationen ändern können. Ein systematischer Überprüfungs- und Anpassungsprozess sollte etabliert werden. Quartalsweise Reviews haben sich in der Praxis bewährt, bei erhöhter Volatilität können auch häufigere Überprüfungen sinnvoll sein. Besonders wichtig ist die Integration des Hedging-Programms in die Gesamtrisikostrategie des Portfolios. Hedging-Entscheidungen sollten nicht isoliert getroffen werden, sondern im Kontext der gesamten Anlage- und Risikostrategie. Ein ausgewogener Mix aus verschiedenen Hedging-Techniken erhöht dabei die Robustheit der Absicherung.

3. 1. 3. Positionsgrößenbestimmung

Die Bestimmung der richtigen Positionsgröße ist ein zentraler Baustein für nachhaltigen Börsenerfolg. Anders als viele Anfänger denken, ist es nicht ausreichend, einfach einen festen Betrag oder eine willkürliche Anzahl von Aktien zu handeln [s116]. Vielmehr erfordert professionelles Trading einen systematischen Ansatz zur Positionsgrößenbestimmung, der verschiedene Risikofaktoren berücksichtigt. Eine bewährte Grundregel ist die Prozent-Risiko-Methode, bei der pro Trade nur ein festgelegter Prozentsatz des Gesamtkapitals riskiert wird [s117]. Beispielsweise könnte ein Trader mit 100.000 Euro Kapital und 1% Risikotoleranz pro Trade maximal 1.000 Euro riskieren. Bei einer Aktie mit einem 5-Euro-Stop-Loss würde dies eine maximale Position von 200 Aktien bedeuten. Die psychologischen Aspekte der Positionsgrößenbestimmung werden oft unterschätzt. Zu große Positionen können erheblichen mentalen Druck erzeugen und zu emotionalen, irrationalen Entscheidungen führen [s117]. Ein praktischer Ansatz ist es, die Positionsgröße schrittweise zu erhöhen und dabei die eigene Stressresistenz zu beobachten. Fortgeschrittene Trader passen ihre Positionsgrößen an die Marktvolatilität an [s118]. In volatilen Marktphasen werden die Positionen kleiner gewählt, um das erhöhte Risiko zu kompensieren. Ein konkretes Beispiel: Bei doppelter Volatilität sollte die Positionsgröße halbiert werden, um das gleiche Risikoniveau beizubehalten. Beim Optionshandel ist besondere Vorsicht geboten. Konservative Trader sollten nicht mehr als das 1,5- bis 2-fache notionale Risiko eingehen [s119]. Bei einem Portfolio von 50.000 Euro bedeutet dies maximale Optionspositionen im Wert von 75.000 bis 100.000 Euro. Moderate Risikoträger können bis zum 3-fachen gehen, sollten dies aber nicht überschreiten. Eine systematische Herangehensweise erfordert auch die regelmäßige Überprüfung und Anpassung der Positionsgrößenstrategie [s120]. Erfolgreiche Trader dokumentieren ihre Trades und analysieren, ob die gewählten Positionsgrößen angemessen waren. Dabei helfen Kennzahlen wie die Handels-Erwartung - der durchschnittliche erwartete Ausgang eines Trades. Das Kelly-Kriterium ist eine mathematisch fundierte Methode zur Optimierung der Positionsgröße [s116]. Diese Formel berücksichtigt sowohl die Gewinnwahrscheinlichkeit als auch das Gewinn-Verlust-Verhältnis. In der Praxis empfiehlt es sich jedoch, nur einen Bruchteil (etwa 20-30%) der vom Kelly-Kriterium vorgeschlagenen Positionsgröße zu handeln, um extreme Schwankungen zu vermeiden. Für größere Portfolios kann die Strategie mit festem Geldbetrag sinnvoll sein [s118]. Statt eines Prozentsatzes wird hier ein fixer Betrag pro Trade riskiert. Bei einem 1-Million-Euro-Portfolio könnte beispielsweise jeder Trade mit 5.000 Euro Risiko ausgestattet werden, unabhängig von zwischenzeitlichen Gewinnen oder Verlusten. Eine häufige Fehlerquelle ist das Ignorieren der Korrelation zwischen verschiedenen Positionen [s117]. Wenn mehrere stark korrelierte Positionen gleichzeitig gehalten werden, sollte die Größe der einzelnen Positionen entsprechend reduziert werden. Ein diversifiziertes Portfolio aus unterschiedlichen Branchen erlaubt größere Einzelpositionen als ein konzentriertes Portfolio. Die kontinuierliche Überwachung des Gesamtrisikos ist unerlässlich [s120]. Dabei sollten nicht nur die einzelnen Positionsgrößen, sondern auch die Summe aller offenen Risiken im Blick behalten werden. Eine praktische Faustregel ist es, das Gesamtrisiko aller offenen Positionen auf maximal 6% des Portfolios zu begrenzen.

Glossar

Kelly-Kriterium

Eine von John Kelly Jr. entwickelte Formel aus der Informationstheorie, die ursprünglich für Telekommunikationssysteme gedacht war. Sie wurde später für Finanzanwendungen adaptiert und wird heute vor allem im professionellen Wertpapierhandel eingesetzt.

notional

Ein Begriff aus dem Finanzwesen, der den theoretischen Gesamtwert einer Position oder eines Finanzinstruments beschreibt, unabhängig vom tatsächlich investierten Betrag.

Zusammenfassung - 3. 1. Risikomanagement

- Die 1%-Regel begrenzt das Risiko pro Trade auf 1% des Gesamtportfolios, was bei 50.000 Euro einem maximalen Verlust von 500 Euro entspricht
- Trailing-Stop-Loss Orders passen sich automatisch nach oben an und sichern bereits erzielte Gewinne ab
- Marktmacher und Hedgefonds versuchen gezielt, kleinere Anleger durch kurzfristige Kursschwankungen aus ihren Positionen zu drängen
- Stop-Loss-Orders sind bei Momentum-Strategien essentiell, können aber bei Mean-Reversion-Strategien kontraproduktiv sein
- Cross-Hedging ermöglicht die Absicherung durch nicht perfekt korrelierende Instrumente, wenn direkte Hedging-Instrumente nicht verfügbar sind
- Bei doppelter Marktvolatilität sollte die Positionsgröße halbiert werden, um das Risikoniveau konstant zu halten
- Beim Optionshandel sollte das notionale Risiko maximal das 1,5- bis 2-fache des Portfoliowerts betragen
- Das Kelly-Kriterium optimiert Positionsgrößen mathematisch, in der Praxis werden aber nur 20-30% der errechneten Größe gehandelt
- Korrelierte Positionen erfordern eine Reduzierung der Einzelpositionsgrößen
- Das Gesamtrisiko aller offenen Positionen sollte 6% des Portfolios nicht überschreiten

3. 2. Steueroptimierung

Die Optimierung der steuerlichen Belastung gehört zu den komplexeren Aspekten der Vermögenssicherung an der Börse. Wie können Anleger ihre Steuerlast legal minimieren? Welche Strategien sind effektiv und gleichzeitig mit geltendem Recht vereinbar? Wo verläuft die Grenze zwischen erlaubter Steuergestaltung und problematischer Steuervermeidung? Die Steuergesetzgebung entwickelt sich kontinuierlich weiter und stellt Anleger vor die Herausforderung, ihre Strategien regelmäßig anzupassen. Während einige Optimierungsmöglichkeiten wie Freibeträge relativ einfach zu nutzen sind, erfordern andere Methoden wie die Gründung einer vermögensverwaltenden GmbH fundiertes Fachwissen und professionelle Beratung. Die geschickte Kombination verschiedener steuerlicher Gestaltungsmöglichkeiten kann die Rendite eines Portfolios erheblich verbessern - vorausgesetzt, man kennt die relevanten Instrumente und ihre korrekte Anwendung. Die folgenden Abschnitte zeigen systematisch auf, welche konkreten Optionen Anlegern zur Verfügung stehen und wie sie diese optimal nutzen können.

„Ein klassisches Beispiel für legale Steueroptimierung ist das Ausnutzen von Freibeträgen und Verlustverrechnungen. Durch gezieltes Realisieren von Verlusten zum Jahresende können Privatanleger ihre Steuerlast optimieren.“

3. 2. 1. Steuersparmodelle

Die Optimierung der Steuerlast ist ein wichtiger Aspekt für private und institutionelle Anleger an der Börse. Dabei ist die grundlegende Unterscheidung zwischen legaler Steuervermeidung und illegaler Steuerhinterziehung von zentraler Bedeutung [s121]. Während die Steuerhinterziehung strafbar ist, können Anleger durch geschickte legale Steuerplanung ihre Abgabenlast deutlich reduzieren. Ein klassisches Beispiel für legale Steueroptimierung ist das Ausnutzen von Freibeträgen und Verlustverrechnungen. So können Privatanleger etwa durch gezieltes Realisieren von Verlusten zum Jahresende ihre Steuerlast optimieren. Konkret bedeutet das: Hat ein Anleger im laufenden Jahr Gewinne von 10.000 Euro realisiert und hält noch Positionen mit Buchverlusten von 5.000 Euro, kann er durch Verkauf der Verlustpositionen seine zu versteuernde Summe halbieren. Die EU hat in den letzten Jahren verschiedene Maßnahmen ergriffen, um aggressive Steuerplanungsmodelle einzudämmen [s122]. Diese zielen besonders darauf ab, dass Gewinne dort versteuert werden, wo sie erwirtschaftet wurden. Für Privatanleger bedeutet dies, dass sie bei der Wahl ihrer Anlageprodukte genau prüfen sollten, wo diese steuerlich ansässig sind. Ein ETF mit Sitz in Irland wird beispielsweise anders besteuert als ein vergleichbares Produkt aus Deutschland. Besonders wohlhabende Privatpersonen nutzen häufig komplexere Steuerplanungsmodelle [s123]. Ein beliebtes Instrument ist dabei die Gründung einer Vermögensverwaltenden GmbH. Diese ermöglicht es, Gewinne zunächst nur mit Körperschaftsteuer zu belasten und Privatentnahmen zeitlich flexibel zu gestalten. Allerdings sollte man hier unbedingt qualifizierte Steuerberater hinzuziehen, da die rechtliche Gestaltung komplex ist. Die Steuerbehörden haben verschiedene Anti-Vermeidungsregeln (GAARs) eingeführt [s121], die Schlupflöcher schließen sollen. Für Anleger bedeutet dies, dass sie ihre Steuerstrategien regelmäßig überprüfen und anpassen müssen. Ein praktisches Beispiel: Während früher das häufige Umschichten von Wertpapieren zur Steueroptimierung genutzt wurde, haben verschärfte Regelungen diese Strategie heute weniger attraktiv gemacht. Große multinationale Unternehmen nutzen oft komplexe Strukturen zur Steueroptimierung [s124]. Privatanleger können von deren Strategien lernen und im kleineren Maßstab adaptieren. So kann beispielsweise die Nutzung verschiedener Depots in unterschiedlichen Rechtsräumen - unter Beachtung aller Offenlegungspflichten - steuerliche

Vorteile bieten. Ein wichtiger Aspekt der Steuerplanung ist die Dokumentation. Anleger sollten alle steuerrelevanten Transaktionen sorgfältig aufzeichnen und aufbewahren. Dies gilt besonders für komplexere Anlagestrategien wie Options- oder Termingeschäfte, bei denen die steuerliche Behandlung nicht immer eindeutig ist. Die Schaffung eines stabilen steuerlichen Umfelds könnte die Nachfrage nach aggressiven Steuerplanungsmodellen reduzieren [s123]. Für Anleger bedeutet dies, dass langfristige, nachhaltige Steuerstrategien oft sinnvoller sind als kurzfristige Optimierungen. Ein Beispiel hierfür ist die Nutzung von thesaurierenden Fonds in der Ansparphase und ausschüttenden Fonds in der Entnahmephase. Besonders wichtig ist die Einbeziehung von Rechtsberatern bei komplexeren Steuergestaltungen [s124]. Dies gilt insbesondere dann, wenn neue Anlageformen oder Strategien genutzt werden sollen, zu denen noch keine gefestigte Rechtsprechung existiert. Die Kosten für qualifizierte Beratung können sich durch vermiedene Steuernachzahlungen oder Strafen schnell amortisieren. Ein praktischer Tipp für Anleger ist die Erstellung eines persönlichen Steuerkalenders. Dieser sollte wichtige Fristen für Steuererklärungen, Verlustverrechnungen und Portfolio-Überprüfungen enthalten. So kann beispielsweise der Dezember genutzt werden, um durch gezielte Verkäufe die Steuerlast zu optimieren.

Glossar

GAAR

General Anti-Avoidance Rules - internationale Steuervorschriften, die missbräuchliche Steuervermeidungspraktiken verhindern sollen. Sie ermöglichen es Steuerbehörden, rein steuerlich motivierte Gestaltungen ohne wirtschaftlichen Zweck zu ignorieren.

3. 2. 2. Freibeträge nutzen

Freibeträge sind ein wichtiges Instrument zur legalen Steueroptimierung für Anleger. Durch ihre geschickte Nutzung lassen sich erhebliche Steuervorteile erzielen, die das Anlageergebnis deutlich verbessern können. Ein besonders interessanter Aspekt ist dabei die Möglichkeit des Schenkens von Aktien an Familienmitglieder, wodurch sich die verfügbaren Gewinnfreibeträge multiplizieren lassen [s125]. Dies funktioniert, da jeder Beschenkte seinen eigenen Freibetrag erhält. Konkret bedeutet das: Wenn Sie beispielsweise Aktien im Wert von 50.000 Euro besitzen und diese auf fünf Familienmitglieder aufteilen, kann jeder Beschenkte seinen eigenen Freibetrag nutzen. Bei der späteren Veräußerung multipliziert sich so der nutzbare Steuervorteil. Wichtig ist hierbei zu beachten, dass Geldgeschenke selbst nicht der Einkommensteuer unterliegen - erst wenn daraus Zinsen oder Dividenden generiert werden, greift die Steuerpflicht [s126]. Eine besonders attraktive Möglichkeit für Anleger, die in Start-ups investieren möchten, bietet der IRC Abschnitt 1202. Dieser ermöglicht bei qualifizierten kleinen Unternehmensanteilen eine Befreiung von der Bundessteuer auf Kapitalgewinne von bis zu 100% [s127]. Der Freibetrag gilt dabei bis zu einem Betrag von 10 Millionen Dollar oder dem Zehnfachen der ursprünglichen Steuerbasis - je nachdem, welcher Betrag höher ist. Für Investoren in Risikokapitalfonds ist besonders interessant, dass sie diese Regelung ebenfalls nutzen können, sofern der Fonds nach dem 27. September 2010 in qualifizierte Investments getätigt hat. Eine strategisch kluge Herangehensweise zur Maximierung von Freibeträgen kann auch die Einbringung von Vermögenswerten in eine Gesellschaft umfassen [s125]. Dies sollte jedoch sorgfältig geplant und mit Steuerberatern abgestimmt werden. Ein praktisches Beispiel: Ein Anleger könnte seine verschiedenen Investments in eine Holding-Struktur einbringen und dann durch geschickte Verteilung der Anteile die verfügbaren Freibeträge optimal ausnutzen. Für langfristig orientierte Anleger bieten sich besonders Lifestyle-Fonds an, die eine automatisierte Diversifikation vornehmen und die Anlagestrategie kontinuierlich an das Rentenalter anpassen [s128]. Diese Fonds können helfen, die verschiedenen verfügbaren Freibeträge über einen längeren Zeitraum optimal zu nutzen, da sie bereits eine steuereffiziente Struktur aufweisen. Ein wichtiger praktischer Tipp ist die Führung eines "Freibetrags-Kalenders". Darin sollten Sie festhalten, welche Freibeträge Sie bereits ausgeschöpft haben und welche noch zur Verfügung stehen. Besonders zum Jahresende hin ist es wichtig zu prüfen, ob noch ungenutzte Freibeträge existieren, die sich durch geschickte Transaktionen ausnutzen lassen. Die Kombination verschiedener Freibeträge erfordert oft eine komplexe Planung. Es empfiehlt sich daher, einen Steuerberater hinzuzuziehen, der die verschiedenen Möglichkeiten kennt und deren Wechselwirkungen überblickt. Die Kosten für die Beratung amortisieren sich meist schnell durch die erzielten Steuerersparnisse. Für die praktische Umsetzung ist es ratsam, ein detailliertes Dokumentationssystem aufzubauen. Darin sollten alle relevanten Informationen zu genutzten Freibeträgen, Schenkungen und qualifizierten Investments festgehalten werden. Dies erleichtert nicht nur die jährliche Steuererklärung, sondern hilft auch bei der langfristigen Optimierung der Anlagestrategie.

Glossar

Holding
Eine Gesellschaftsform, die hauptsächlich zum Halten und Verwalten von Beteiligungen an anderen Unternehmen dient, ohne selbst operativ tätig zu sein

IRC
Internal Revenue Code - das US-amerikanische Bundessteuergesetz, das die Grundlage für die Steuererhebung in den USA bildet

Lifestyle-Fonds
Eine spezielle Art von Investmentfonds, die ihre Anlagestrategie automatisch an die Lebensphase der Anleger anpasst, auch Lebenszyklusfonds genannt

3. 2. 3. Steuereffiziente Portfoliostruktur

Eine steuereffiziente Portfoliostruktur ist fundamental für die langfristige Optimierung der Anlagerendite. Dabei geht es nicht nur um die Auswahl der richtigen Anlageinstrumente, sondern auch um deren geschickte Kombination unter steuerlichen Gesichtspunkten [s129]. Ein zentraler Aspekt ist das Management von Kapitalgewinnen. Statt willkürlicher Verkäufe sollten Anleger ihre Transaktionen strategisch planen. Konkret bedeutet das: Wenn Sie beispielsweise mehrere Aktienpositionen mit unterschiedlichen Einstandspreisen halten, können Sie durch selektive Verkäufe die Steuerlast optimieren. Verlustpositionen können gezielt realisiert werden, um Gewinne aus anderen Verkäufen auszugleichen [s129]. Die Auswahl steuerbefreiter Anleihen spielt ebenfalls eine wichtige Rolle. Kommunalanleihen oder bestimmte Bundesanleihen generieren Zinserträge, die teilweise oder vollständig von der Steuer befreit sind [s129]. Ein Beispiel: Ein Anleger im Spitzensteuersatz könnte durch die Integration von Kommunalanleihen in sein Portfolio trotz nominal niedrigerer Zinsen eine höhere Nachsteuerrendite erzielen als mit konventionellen Unternehmensanleihen. Private Placement Life Insurance (PPLI) bietet eine besonders interessante Möglichkeit zur Steueroptimierung. Diese Kombination aus Investmentportfolio und Versicherungskomponente ermöglicht ein steuerfreies Wachstum des Kapitals [s130]. Besonders attraktiv wird diese Option, wenn die Police von einem unwiderruflichen Trust gehalten wird, wodurch potentiell auch Erbschaftssteuern vermieden werden können. Das strategische Ausgabenmanagement ist ein weiterer wichtiger Baustein. Durch sorgfältige Dokumentation und Kategorisierung aller abzugsfähigen Ausgaben können Steuervergünstigungen optimal genutzt werden [s131]. Ein praktischer Ansatz ist die Führung eines digitalen Ausgabentagebuchs, in dem alle investitionsbezogenen Kosten erfasst werden. Die Altersvorsorgeplanung bietet weitere Optimierungsmöglichkeiten. Durch gezielte Investitionen in steuerbegünstigte Altersvorsorgeinstrumente lässt sich das steuerpflichtige Einkommen reduzieren [s131]. Ein konkretes Beispiel: Die Kombination aus betrieblicher Altersvorsorge und privaten Rentenversicherungen kann die steuerliche Belastung in der Ansparphase deutlich senken. Bei der Portfoliostrukturierung sollte auch das Risikomanagement nicht vernachlässigt werden. Eine diversifizierte Struktur hilft nicht nur bei der Risikominimierung, sondern ermöglicht auch flexiblere steuerliche

Gestaltungsmöglichkeiten [s132]. Beispielsweise können Verluste in einem Segment durch Gewinne in anderen Bereichen ausgeglichen werden. Die Integration von Planung und Portfoliomanagement erfordert einen ganzheitlichen Ansatz. Investments sollten primär nach ihrer Nachsteuer-Rendite bewertet werden [s133]. Ein Beispiel: Ein ETF mit höheren Verwaltungskosten könnte aufgrund seiner steuereffizienteren Struktur nach Steuern trotzdem rentabler sein als ein kostengünstigerer Fonds. Für die praktische Umsetzung empfiehlt sich die Entwicklung eines persönlichen Steueroptimierungsplans. Dieser sollte regelmäßig überprüft und an veränderte Marktbedingungen oder Gesetzesänderungen angepasst werden. Die Dokumentation aller steuerrelevanten Entscheidungen und Transaktionen ist dabei unerlässlich. Ein weiterer wichtiger Aspekt ist die Nachfolgeplanung. Durch frühzeitige Planung und geschickte Strukturierung können erhebliche Erbschaftssteuern vermieden werden [s131]. Die Einrichtung von Familienstiftungen oder die schrittweise Übertragung von Vermögenswerten zu Lebzeiten sind hier bewährte Strategien.

Glossar

PPLI

Abkürzung für Private Placement Life Insurance. Diese Versicherungsform wird hauptsächlich in Luxemburg, Liechtenstein und der Schweiz angeboten und ermöglicht maßgeschneiderte Investmentlösungen.

Private Placement Life Insurance

Eine exklusive Form der Lebensversicherung für vermögende Privatanleger, die individuelle Anlagestrategien mit Versicherungsschutz kombiniert. Mindestanlagesummen beginnen oft bei 1 Million Euro.

Zusammenfassung - 3. 2. Steueroptimierung

- Steuerhinterziehung ist strafbar, während legale Steuerplanung die Abgabenlast deutlich reduzieren kann
- Durch gezieltes Realisieren von Verlusten zum Jahresende lässt sich die Steuerlast optimieren
- ETFs mit Sitz in Irland werden anders besteuert als vergleichbare deutsche Produkte
- Vermögensverwaltende GmbHs ermöglichen flexible Privatentnahmen bei reduzierter Körperschaftsteuer
- Anti-Vermeidungsregeln (GAARs) haben frühere Steueroptimierungsstrategien wie häufiges Wertpapier-Umschichten unattraktiv gemacht
- Die Nutzung verschiedener Depots in unterschiedlichen Rechtsräumen kann steuerliche Vorteile bieten
- Thesaurierende Fonds in der Ansparphase und ausschüttende Fonds in der Entnahmephase optimieren die Steuerlast
- IRC Abschnitt 1202 ermöglicht bei qualifizierten Start-up-Investments Steuerbefreiungen bis zu 10 Millionen Dollar
- Lifestyle-Fonds passen die Anlagestrategie automatisch ans Rentenalter an und bieten eine steuereffiziente Struktur
- Private Placement Life Insurance (PPLI) ermöglicht steuerfreies Kapitalwachstum, besonders in Kombination mit unwiderruflichen Trusts
- Kommunalanleihen können trotz niedrigerer Nominalzinsen höhere Nachsteuerrenditen als Unternehmensanleihen erzielen
- Die Kombination aus betrieblicher Altersvorsorge und privaten Rentenversicherungen reduziert das steuerpflichtige Einkommen in der Ansparphase

3. 3. Vermögensschutz

Der Aufbau von Vermögen an der Börse erfordert nicht nur eine kluge Anlagestrategie, sondern auch einen durchdachten Schutz der erwirtschafteten Werte. Doch wie lässt sich das mühsam aufgebaute Portfolio effektiv gegen verschiedene Risiken absichern? Welche rechtlichen Strukturen bieten den besten Schutz für Börseninvestments? Und welche Rolle spielen dabei Instrumente wie Trusts, Familiengesellschaften oder spezialisierte Versicherungslösungen? Die Komplexität moderner Finanzmärkte und sich ständig ändernder rechtlicher Rahmenbedingungen macht es für private Anleger zunehmend schwieriger, ihr Vermögen optimal zu strukturieren und abzusichern. Gleichzeitig können unerwartete Ereignisse wie Rechtsstreitigkeiten, Inflation oder wirtschaftliche Krisen jahrelange Aufbauarbeit zunichtemachen. Eine professionelle Vermögensschutzstrategie verbindet rechtliche Absicherung, durchdachte Vermögensstrukturierung und moderne Asset Protection zu einem ganzheitlichen Schutzkonzept. Die folgenden Abschnitte zeigen praxiserprobte Methoden, wie Sie Ihr Börsenvermögen effektiv gegen verschiedene Risiken absichern können.

> *„Eine bewährte Strategie für die langfristige Vermögensplanung ist die 4%-Regel, bei der jährlich maximal 4% des Gesamtvermögens entnommen werden, um die langfristige Tragfähigkeit zu gewährleisten.“*

3. 3. 1. Rechtliche Absicherung

Die rechtliche Absicherung von Vermögen ist ein fundamentaler Baustein für langfristigen finanziellen Erfolg an der Börse. Eine durchdachte Vermögensschutzstrategie hilft dabei, das erworbene Vermögen vor verschiedenen Risiken zu schützen und gleichzeitig legal Steuern zu optimieren [s134]. Ein zentrales Instrument der rechtlichen Absicherung ist die Einrichtung von Trusts. Diese schaffen eine rechtliche Barriere zwischen den Vermögenswerten und potenziellen Gläubigern [s135]. Nehmen wir als Beispiel einen erfolgreichen Börseninvestor, der sein Portfolio von 2 Millionen Euro in einen Trust überträgt: Seine Investments bleiben dadurch auch im Falle einer persönlichen Insolvenz geschützt. Gleichzeitig ermöglicht der Trust eine flexible Verwaltung der Anlagen durch professionelle Treuhänder, die verschiedene Anlagestrategien entsprechend der festgelegten Ziele umsetzen können. Die Regulierung durch Aufsichtsbehörden spielt eine wichtige Rolle bei der rechtlichen Absicherung [s136]. Anleger sollten daher vor der Zusammenarbeit mit Vermögensverwaltern oder Anlageberatern deren Registrierung und Zulassung überprüfen. Eine praktische Vorgehensweise ist hier die Recherche in den öffentlich zugänglichen Datenbanken der Aufsichtsbehörden. Dabei ist zu beachten, dass eine Registrierung keine behördliche Empfehlung darstellt, sondern lediglich bestätigt, dass grundlegende regulatorische Anforderungen erfüllt werden [s136]. Bei der Gestaltung der rechtlichen Absicherung ist es essentiell, dass alle Maßnahmen aus legitimen geschäftlichen oder erbrechtlichen Gründen erfolgen [s134]. Ein Beispiel: Wenn Sie planen, Ihre Börseninvestments in eine Gesellschaft einzubringen, sollte dies nicht kurz vor einer drohenden Insolvenz geschehen, da dies als betrügerische Übertragung gewertet werden könnte. Stattdessen empfiehlt sich eine vorausschauende Planung in wirtschaftlich stabilen Zeiten. Die Vermögensschutzplanung sollte regelmäßig überprüft und an veränderte Lebensumstände angepasst werden [s135]. Ein praktischer Ansatz ist die jährliche Überprüfung der Schutzstrukturen gemeinsam mit qualifizierten Rechts- und Steuerberatern. Dabei sollten auch neue gesetzliche Entwicklungen berücksichtigt werden, die Einfluss auf die gewählten Schutzstrategien haben könnten. Besonders wichtig ist die Integration der Vermögensschutzplanung in die gesamte finanzielle und erbrechtliche Planung [s134]. Ein gut strukturierter Trust kann beispielsweise nicht nur vor Gläubigern schützen, sondern auch die steuereffiziente Übertragung von Vermögen an die nächste Generation ermöglichen [s135]. Konkret könnte dies bedeuten, dass Börsengewinne bereits zu Lebzeiten steuergünstig an die Erben übertragen werden, während der Vermögensinhaber weiterhin Zugriff auf die Erträge behält. Die Zusammenarbeit mit verschiedenen Aufsichtsbehörden und deren regelmäßige Kontrollen [s136] bieten einen zusätzlichen Schutzschirm für Anleger. Es empfiehlt sich daher, nur mit Finanzdienstleistern zusammenzuarbeiten, die unter dieser Aufsicht stehen und eine nachweisbare Erfolgsbilanz vorweisen können. Ein praktischer Tipp ist hier die Dokumentation aller Gespräche und Vereinbarungen mit Finanzdienstleistern, um im Streitfall Nachweise vorlegen zu können. Die rechtliche Absicherung umfasst auch den Schutz vor unerwarteten Ereignissen [s134]. Dies kann durch eine Kombination verschiedener Maßnahmen erreicht werden, wie beispielsweise die Trennung von privatem und geschäftlichem Vermögen, den Abschluss von Versicherungen für spezifische Risiken und die Diversifikation der Vermögenswerte über verschiedene rechtliche Strukturen hinweg.

Glossar

Treuhänder

Eine Person oder Institution, die rechtlich verpflichtet ist, das ihr anvertraute Vermögen im besten Interesse der Begünstigten zu verwalten und dabei höchste Sorgfaltspflichten zu beachten.

Trust

Eine rechtliche Konstruktion, bei der ein Treugeber Vermögenswerte an einen Treuhänder überträgt, der diese zum Nutzen der Begünstigten verwaltet. Ursprünglich aus dem angelsächsischen Recht stammend.

3. 3. 2. Vermögensstrukturierung

Eine durchdachte Vermögensstrukturierung ist fundamental für den langfristigen Erfolg an der Börse und geht weit über die reine Anlageentscheidung hinaus. Private Wealth Management bietet dabei einen ganzheitlichen Ansatz, der speziell auf die Bedürfnisse vermögender Privatanleger zugeschnitten ist [s137]. Ein zentrales Element ist die strategische Diversifikation des Portfolios über verschiedene Anlageklassen hinweg. Dies bedeutet konkret, nicht nur in Aktien zu investieren, sondern auch Anleihen, Immobilien und alternative Investments wie Private Equity oder hedgefonds zu berücksichtigen [s138]. Ein ausgewogenes Portfolio könnte beispielsweise zu 40% aus Aktien, 30% aus Anleihen, 20% aus Immobilien und 10% aus alternativen Anlagen bestehen. Eine besonders interessante Option für vermögende Anleger ist die private_placement_life_insurance (PPLI). Dieses Instrument verbindet die steuerlichen Vorteile einer Lebensversicherung mit der Flexibilität eines privaten Investmentportfolios [s139]. Bei einer PPLI können Anleger beispielsweise ihr bestehendes Aktienportfolio einbringen und weiterhin aktiv managen, während die Erträge steuerbegünstigt thesauriert werden. Die Zusammenarbeit mit einem professionellen Vermögensverwaltungsteam bringt dabei mehrere Vorteile: Neben der Marktexpertise profitieren Anleger von einem systematischen Risikomanagement und einem detaillierten Reporting [s140]. Ein erfahrenes Team kann beispielsweise makroökonomische Trends frühzeitig erkennen und das Portfolio entsprechend anpassen. Die steuerliche Optimierung spielt eine zentrale Rolle bei der Vermögensstrukturierung. Hier geht es darum, legale Gestaltungsmöglichkeiten zu nutzen, um die Steuerbelastung zu minimieren [s141]. Ein praktisches Beispiel ist die strategische Verteilung von Investments auf verschiedene Rechtsformen: Während hochrentierliche Anlagen in einer PPLI oder einem Stiftungsmantel gehalten werden, können Verlustbringer in einer Personengesellschaft platziert werden, um steuerliche Vorteile zu nutzen. Die Gebührenstruktur für professionelles Vermögensmanagement basiert typischerweise auf einem Prozentsatz des verwalteten Vermögens oder festen Gebühren für spezifische Dienstleistungen [s137]. Bei der Auswahl eines Vermögensverwalters sollten Anleger nicht nur auf die Höhe der Gebühren achten, sondern auch auf die Transparenz der Kostenstruktur und die gebotene Leistung. Eine faire Gebühr liegt beispielsweise zwischen 0,5% und 1,5% des verwalteten

Vermögens pro Jahr, abhängig vom Umfang der Dienstleistungen. Für die langfristige Vermögensplanung ist auch die Rentenplanung von großer Bedeutung. Hier gilt es, die Entnahmestrategien so zu gestalten, dass das Vermögen nachhaltig erhalten bleibt [s138]. Eine bewährte Strategie ist die 4%-Regel, bei der jährlich maximal 4% des Gesamtvermögens entnommen werden, um die langfristige Tragfähigkeit zu gewährleisten. Die regelmäßige Überprüfung und Anpassung der Vermögensstruktur ist essentiell. Empfehlenswert sind vierteljährliche Reviews mit dem Vermögensverwalter, bei denen die Asset Allocation überprüft und bei Bedarf rebalanciert wird. Dabei sollten auch veränderte Lebensumstände oder neue Anlageziele berücksichtigt werden. Ein oft übersehener Aspekt ist die Monetarisierung von Vermögenswerten [s141]. Dabei geht es darum, illiquide Vermögenswerte wie Unternehmensanteile oder Immobilien in liquide Mittel umzuwandeln, ohne dabei unnötige Steuern auszulösen. Dies kann beispielsweise durch intelligente Finanzierungsstrukturen oder die Einbringung in spezialisierte Investmentvehikel erfolgen.

Glossar

Private Wealth Management
Eine exklusive Form der Vermögensverwaltung für Kunden mit hohem Vermögen, die neben der Geldanlage auch Nachfolgeplanung, Philanthropie und Family Office Services umfasst.

thesauriert
Automatische Wiederanlage von Erträgen wie Dividenden oder Zinsen, statt diese auszuzahlen, um einen Zinseszinseffekt zu erzielen.

3. 3. 3. Asset Protection

Asset Protection geht weit über die klassische rechtliche Absicherung hinaus und umfasst ein ganzheitliches Konzept zum Schutz des aufgebauten Vermögens. Eine zentrale Rolle spielt dabei die exakte Kenntnis des eigenen Nettovermögens als Grundlage jeder Schutzstrategie [s142]. Nur wer seine Vermögenswerte, Verbindlichkeiten und künftigen Cashflows genau kennt, kann eine effektive Schutzstrategie entwickeln. Die Gründung einer GmbH stellt einen wichtigen Baustein im Vermögensschutz dar [s143]. Nehmen wir als Beispiel einen Börsenhändler, der sein Trading-Geschäft in eine GmbH einbringt: Sollten einzelne Trades zu Verlusten führen, bleibt sein Privatvermögen geschützt. Die GmbH fungiert dabei als "Schutzschild" zwischen Geschäfts- und Privatvermögen. Besonders bei risikoreicheren Handelsstrategien ist diese Trennung essentiell. Eine noch umfassendere Lösung bietet die Familienkommanditgesellschaft (Family Limited Partnership) [s143]. Diese Struktur ermöglicht nicht nur Vermögensschutz, sondern auch eine steueroptimierte Übertragung von Vermögen an die nächste Generation. Ein praktisches Beispiel: Eine Familie mit einem Börsenportfolio von 5 Millionen Euro bringt dieses in eine Familienkommanditgesellschaft ein. Die Eltern behalten als Komplementäre die Kontrolle über die Investments, während die Kinder als Kommanditisten bereits am Vermögen beteiligt werden. Ein oft unterschätzter Aspekt ist der Schutz vor Inflation [s144]. In Zeiten niedriger Zinsen und steigender Inflation ist es entscheidend, das Vermögen vor einem schleichenden Wertverlust zu schützen. Eine bewährte Strategie ist die Investition in inflationsgeschützte Anleihen oder Sachwerte wie Aktien von Unternehmen mit hoher Preissetzungsmacht. Ein konkretes Beispiel wäre die Beimischung von 10-20% inflationsindexierter Staatsanleihen im Portfolio. Versicherungen spielen eine wichtige Rolle im Vermögensschutz [s142]. Neben einer ausreichenden Lebensversicherung ist besonders die Berufsunfähigkeitsversicherung für Börsenakteure wichtig. Ein Händler sollte beispielsweise eine Versicherungssumme wählen, die seinen durchschnittlichen jährlichen Handelserträgen entspricht. Dabei ist auf die genaue Definition der versicherten Tätigkeit zu achten - die Police sollte explizit Börsenhandel einschließen. Die regelmäßige Überprüfung und Anpassung der Asset Protection Strategie ist unerlässlich. Ein praktischer Ansatz ist das vierteljährliche "Vermögensschutz-Review", bei dem alle Schutzmaßnahmen auf ihre Aktualität und Wirksamkeit überprüft werden. Dabei sollten auch neue Risiken identifiziert und entsprechende

Schutzmaßnahmen implementiert werden. Für größere Vermögen empfiehlt sich die Kombination verschiedener Schutzinstrumente. Ein Beispiel wäre die Strukturierung des Börsenvermögens über eine GmbH, während Immobilien in einer separaten Familienkommanditgesellschaft gehalten werden und zusätzlich eine umfassende Versicherungsstrategie implementiert wird. Diese Diversifikation der Schutzstrukturen maximiert die Widerstandsfähigkeit des Gesamtvermögens gegen verschiedene Risiken. Die Asset Protection Strategie sollte auch die persönliche Situation und Lebensziele berücksichtigen. Ein junger Trader mit hoher Risikobereitschaft benötigt andere Schutzstrukturen als ein etablierter Investor kurz vor dem Ruhestand. Die Schutzstrategie muss flexibel genug sein, um sich an verändernde Lebensumstände anzupassen.

Glossar

Asset Protection

Ein internationales Konzept zum systematischen Schutz von Vermögenswerten vor rechtlichen, wirtschaftlichen und politischen Risiken durch verschiedene Maßnahmen und Strukturen

Family Limited Partnership

Eine spezielle Form der Kommanditgesellschaft, die besonders in den USA populär ist und neben Vermögensschutz auch steuerliche Vorteile bei der generationsübergreifenden Vermögensweitergabe bietet

Kommanditist

Gesellschafter einer Kommanditgesellschaft mit beschränkter Haftung, der nur mit seiner Einlage haftet und meist keine Geschäftsführungsbefugnis hat

Komplementär

Gesellschafter einer Kommanditgesellschaft mit unbeschränkter persönlicher Haftung, der die Geschäftsführung übernimmt

Zusammenfassung - 3. 3. Vermögensschutz

- Ein Trust schafft eine rechtliche Barriere zwischen Vermögenswerten und potenziellen Gläubigern
- Die Private Placement Life Insurance (PPLI) ermöglicht die steueroptimierte Thesaurierung von Erträgen bei gleichzeitiger aktiver Portfolioverwaltung
- Die 4%-Regel gilt als bewährte Entnahmestrategie für nachhaltigen Vermögenserhalt
- Eine Familienkommanditgesellschaft ermöglicht Vermögensschutz bei gleichzeitiger steueroptimierter Übertragung an die nächste Generation
- Inflationsgeschützte Anleihen und Aktien von Unternehmen mit hoher Preissetzungsmacht bieten Schutz vor Geldentwertung
- Die typische Gebührenstruktur für professionelles Vermögensmanagement liegt zwischen 0,5% und 1,5% des verwalteten Vermögens pro Jahr
- Ein ausgewogenes Portfolio sollte etwa 40% Aktien, 30% Anleihen, 20% Immobilien und 10% alternative Anlagen enthalten
- Vermögensschutzmaßnahmen müssen aus legitimen geschäftlichen Gründen erfolgen und nicht kurz vor drohender Insolvenz
- Die Monetarisierung illiquider Vermögenswerte kann durch spezielle Investmentvehikel steuerschonend erfolgen
- Berufsunfähigkeitsversicherungen für Börsenhändler sollten explizit Börsenhandel als versicherte Tätigkeit einschließen

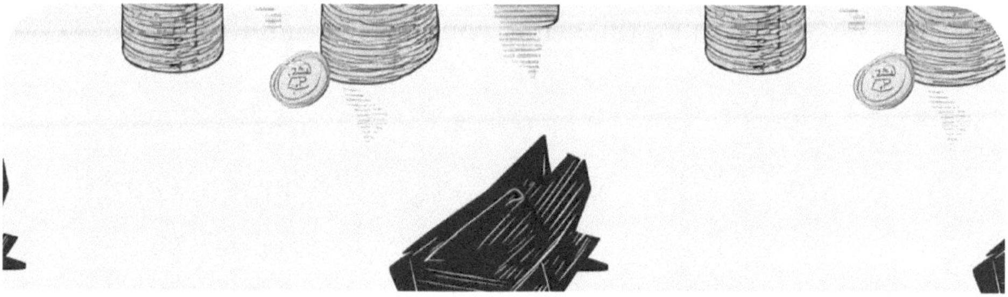

Rückblick - 3. Vermögenssicherung

- Stop-Loss Strategien begrenzen typischerweise Verluste auf 1% des Gesamtportfolios pro Trade.
- Trailing-Stop-Loss Orders passen sich automatisch steigenden Kursen an und sichern bereits erzielte Gewinne ab.
- Hedging-Techniken ermöglichen die Absicherung von Portfolios durch gegenläufige Positionen statt kompletter Schließung.
- Cross-Hedging nutzt die Korrelation verschiedener Märkte zur indirekten Absicherung wenn direkte Instrumente nicht verfügbar sind.
- Private Placement Life Insurance (PPLI) kombiniert steuerliche Vorteile einer Lebensversicherung mit flexiblem Portfoliomanagement.
- Das Kelly-Kriterium optimiert Positionsgrößen mathematisch basierend auf Gewinnwahrscheinlichkeit und Risk-Reward-Verhältnis.
- Familienkommanditgesellschaften ermöglichen Vermögensschutz bei gleichzeitiger steueroptimierter Übertragung an die nächste Generation.
- Trust-Strukturen schaffen eine rechtliche Barriere zwischen Vermögenswerten und potenziellen Gläubigern.
- Die 4%-Regel begrenzt jährliche Entnahmen auf maximal 4% des Gesamtvermögens für langfristige Tragfähigkeit.
- Inflationsgeschützte Anleihen und Aktien mit hoher Preissetzungsmacht bieten Schutz vor schleichendem Wertverlust.
- Während diese Grundlagen der Vermögenssicherung essentiell sind, eröffnen fortgeschrittene Strategien noch deutlich mehr Möglichkeiten zur Optimierung von Rendite und Risiko.

4. Fortgeschrittene Strategien

Die Entwicklung erfolgreicher Anlagestrategien erfordert mehr als nur das Verständnis von Grundlagen. Doch welche fortgeschrittenen Methoden haben sich in der Praxis bewährt? Wie lassen sich Risiken systematisch minimieren und gleichzeitig die Renditechancen optimieren? Dieses Kapitel beleuchtet erprobte Strategien für den langfristigen Vermögensaufbau - von der systematischen Analyse von Dividendenaristokraten über komplexe Optionsstrategien bis hin zu alternativen Anlageklassen wie Private Equity und Kryptowährungen. Dabei steht die praktische Umsetzbarkeit im Vordergrund: Welche Kennzahlen sind wirklich relevant? Wie lässt sich ein ausgewogenes Portfolio strukturieren? Welche Rolle spielen neue Anlageklassen bei der Diversifikation? Die vorgestellten Konzepte basieren auf wissenschaftlichen Erkenntnissen und langjährigen Praxiserfahrungen. Sie ermöglichen es Anlegern, ihr Portfolio systematisch weiterzuentwickeln und neue Renditequellen zu erschließen. Ob Sie Ihr bestehendes Portfolio optimieren oder neue Anlagestrategien entwickeln möchten - die folgenden Seiten liefern das notwendige Rüstzeug für fundierte Investmententscheidungen.

4. 1. Dividendenstrategie

Wie lässt sich ein regelmäßiges passives Einkommen durch Dividenden aufbauen? Welche Unternehmen bieten die besten Voraussetzungen für nachhaltige Ausschüttungen? Und wie können Anleger die Qualität von Dividendenzahlungen richtig einschätzen? Die Dividendenstrategie gehört zu den bewährtesten Anlagekonzepten an der Börse. Sie basiert auf der Idee, gezielt in Unternehmen zu investieren, die einen Teil ihrer Gewinne regelmäßig an die Aktionäre ausschütten. Dabei geht es nicht nur um hohe Dividendenrenditen, sondern vor allem um die Nachhaltigkeit und Verlässlichkeit der Zahlungen. Erfolgreiche Dividendenstrategien erfordern ein tiefes Verständnis verschiedener Kennzahlen und Zusammenhänge. Von besonderer Bedeutung sind dabei die Ausschüttungsquoten, die finanzielle Stabilität der Unternehmen sowie deren langfristige Geschäftsperspektiven. Gerade in Zeiten niedriger Zinsen und erhöhter Marktunsicherheit bietet dieser Ansatz interessante Möglichkeiten für den systematischen Vermögensaufbau. Die folgenden Abschnitte zeigen, wie Sie vielversprechende Dividendentitel identifizieren, deren Ausschüttungspolitik analysieren und ein ausgewogenes Dividendenportfolio aufbauen können.

„Dividendenaristokraten haben ihre Dividendenzahlungen über mindestens 25 Jahre hinweg kontinuierlich gesteigert und tendieren dazu, den Gesamtmarkt bei geringerer Volatilität zu übertreffen."

4. 1. 1. Dividendenaristokraten

Dividendenaristokraten repräsentieren eine besondere Kategorie von Aktiengesellschaften, die sich durch ihre außergewöhnliche Dividendenpolitik auszeichnen. Diese Unternehmen haben ihre Dividendenzahlungen über mindestens 25 Jahre hinweg kontinuierlich gesteigert [s145]. Diese bemerkenswerte Leistung ist nicht nur ein Zeichen für finanzielle Stabilität, sondern auch für nachhaltiges Wachstum und eine aktionärsfreundliche Unternehmensführung [s146]. Die Bedeutung dieser Elite-Unternehmen für Anleger liegt in ihrer nachgewiesenen Fähigkeit, auch in schwierigen Wirtschaftsphasen stabile Ausschüttungen zu gewährleisten. Historische Daten belegen, dass Aktien mit stetig steigenden Dividenden dazu tendieren, den Gesamtmarkt bei geringerer volatilitaet zu übertreffen [s147]. Ein praktisches Beispiel hierfür ist die Performance während der Finanzkrise 2008/2009, wo viele Dividendenaristokraten ihre Ausschüttungen trotz des schwierigen Marktumfelds weiter erhöhten. Für Anleger, die eine langfristige Vermögensbildung anstreben, bieten Dividendenaristokraten mehrere entscheidende Vorteile. Zunächst profitieren sie vom Zinseszinseffekt durch die Wiederanlage der Dividenden [s148]. Ein Anleger, der beispielsweise monatlich 300 Euro in ein diversifiziertes Portfolio von Dividendenaristokraten investiert und die Dividenden konsequent reinvestiert, kann über Jahrzehnte hinweg ein beachtliches Vermögen aufbauen. Bei der Auswahl von Dividendenaristokraten sollten Anleger besonders auf die Dividenden-Ausschüttungsquote achten [s149]. Eine nachhaltige Ausschüttungsquote liegt typischerweise zwischen 40% und 60% des Gewinns. Höhere Quoten könnten auf potenzielle Probleme bei der langfristigen Dividendenfähigkeit hinweisen. Anleger sollten auch die Branchenzugehörigkeit berücksichtigen - viele Dividendenaristokraten finden sich in defensiven Sektoren wie Konsumgüter, Gesundheit oder Versorgung. Ein weiterer wichtiger Aspekt ist die steuerliche Behandlung der Dividenden [s148]. In vielen Ländern werden qualifizierte Dividenden steuerlich günstiger behandelt als andere Einkommensarten. Anleger sollten dies bei ihrer Investitionsstrategie berücksichtigen und gegebenenfalls steueroptimierte Anlagevehikel wie Aktienfonds oder ETFs in Betracht ziehen. Die Stabilität von Dividendenaristokraten basiert auf ihrer robusten Geschäftsmodelle und starken Marktposition [s148]. Diese Unternehmen verfügen oft über bedeutende Wettbewerbsvorteile, sei es durch Markenmacht, Patente oder Skaleneffekte. Ein praktischer Tipp für Anleger ist es, sich auf Unternehmen zu konzentrieren, die in ihren jeweiligen

Märkten führende Positionen innehaben und über hohe Markteintrittsbarrieren verfügen. Für eine ausgewogene Anlagestrategie empfiehlt sich eine breite Diversifikation über verschiedene Dividendenaristokraten hinweg [s149]. Ein gut strukturiertes Portfolio sollte mindestens 15-20 verschiedene Titel aus unterschiedlichen Branchen und geografischen Regionen enthalten. Dies reduziert das unternehmens- und branchenspezifische Risiko erheblich. Die Inflationsschutzfunktion ist ein weiterer wichtiger Aspekt von Dividendenaristokraten [s148]. Da diese Unternehmen ihre Ausschüttungen regelmäßig erhöhen, bieten sie einen natürlichen Schutz gegen Kaufkraftverlust. Ein praktisches Beispiel: Eine anfängliche Dividendenrendite von 3% kann durch jährliche Steigerungen von 7% nach zehn Jahren eine effektive Rendite von über 6% auf das ursprünglich investierte Kapital erreichen. Für Neueinsteiger empfiehlt sich ein schrittweiser Aufbau des Portfolios durch regelmäßige Sparraten. Dies reduziert das Timing-Risiko und ermöglicht es, von Marktschwankungen durch den Cost-Average-Effekt zu profitieren. Wichtig ist auch eine regelmäßige Überprüfung der Portfoliobestandteile, um sicherzustellen, dass die ausgewählten Unternehmen weiterhin die Kriterien für Dividendenaristokraten erfüllen.

Glossar

Cost-Average-Effekt

Ein mathematisches Phänomen bei regelmäßigen Investitionen gleicher Geldbeträge. Durch den Kauf von mehr Anteilen bei niedrigen und weniger Anteilen bei hohen Kursen ergibt sich ein durchschnittlicher Einstandspreis, der unter dem mathematischen Mittel der Kurse liegt.

Dividendenaristokrat

Ein Begriff aus dem amerikanischen Aktienmarkt, ursprünglich von Standard & Poor's geprägt. Die ersten Unternehmen erhielten diesen Status in den 1980er Jahren. Zu den ersten Dividendenaristokraten gehörten Unternehmen wie Dover Corporation und American States Water.

4. 1. 2. Ausschüttungsquoten analysieren

Die Analyse der Ausschüttungsquoten ist ein zentraler Baustein für erfolgreiche Dividendenstrategien. Diese Kennzahl gibt Aufschluss darüber, welchen Anteil seines Gewinns ein Unternehmen als Dividende an die Aktionäre ausschüttet [s150]. Für eine fundierte Bewertung der Dividendenpolitik eines Unternehmens ist es jedoch wichtig, nicht nur die Ausschüttungsquote isoliert zu betrachten, sondern diese im Kontext weiterer Kennzahlen zu analysieren. Eine besonders aussagekräftige Kennzahl ist die Dividenden-Abdeckungsquote, die anzeigt, wie oft ein Unternehmen seine Dividendenzahlungen aus dem Nettogewinn bestreiten könnte [s150]. Nehmen wir als Beispiel ein Unternehmen mit einem Jahresgewinn von 100 Millionen Euro und Dividendenzahlungen von 40 Millionen Euro: Die Abdeckungsquote beträgt hier 2,5, was bedeutet, dass die Dividendenzahlungen 2,5-mal aus dem Gewinn bedient werden könnten - ein komfortabler Wert, der Spielraum für zukünftige Dividendensteigerungen lässt. Der freie Cashflow für Eigenkapital (FCFE) ist eine weitere wichtige Messgröße [s150]. Diese Kennzahl berücksichtigt nicht nur den Gewinn, sondern auch Investitionen und Veränderungen im working_capital. Ein Unternehmen mag zwar Gewinne ausweisen, wenn aber der operative Cashflow nicht ausreicht, können Dividendenzahlungen problematisch werden. Anleger sollten daher prüfen, ob der FCFE die Dividendenzahlungen mindestens um das 1,2-fache übersteigt. Die Kapitalkosten eines Unternehmens spielen ebenfalls eine wichtige Rolle bei der Dividendenpolitik [s151]. Hohe Kapitalkosten können die Ausschüttungsfähigkeit einschränken, da mehr Mittel für die Bedienung von Fremdkapital benötigt werden. Ein praktischer Ansatz ist es, Unternehmen zu bevorzugen, deren gewichteter durchschnittlicher Kapitalkostensatz (WACC) unter dem Branchendurchschnitt liegt. Das Verhältnis von Nettoverschuldung zu EBITDA ist ein wichtiger Indikator für die finanzielle Gesundheit eines Unternehmens [s150]. Als Faustregel gilt: Ein Verhältnis über 3,0 sollte kritisch hinterfragt werden, da hohe Schuldenlast die zukünftige Dividendenfähigkeit gefährden kann. Ein Beispiel aus der Praxis: Ein Versorger mit einem Verhältnis von 2,5 und stabilen Cashflows kann diese Verschuldung meist gut tragen, während dasselbe Verhältnis bei einem zyklischen Industrieunternehmen bereits problematisch sein könnte. Bei der Analyse der Ausschüttungsquote ist auch der Branchenkontext zu berücksichtigen [s152]. Während reife Unternehmen in stabilen Branchen wie Versorgern oder Konsumgütern problemlos 70-80% ihres Gewinns ausschütten können, wären solche Quoten bei wachstumsstarken Technologieunternehmen meist nicht nachhaltig. Ein praktischer Tipp ist es, die Ausschüttungsquote immer im Vergleich zum Branchendurchschnitt zu bewerten. Für eine ganzheitliche Analyse empfiehlt sich die Betrachtung der historischen Entwicklung dieser Kennzahlen über mindestens 5-10 Jahre. Starke Schwankungen oder ein kontinuierlicher Anstieg der Ausschüttungsquote können auf Probleme hinweisen. Ein konkretes Beispiel: Steigt die Ausschüttungsquote von 50% auf 80%, während der operative Cashflow stagniert, könnte dies ein Warnsignal sein. Anleger sollten auch die Wachstumsperspektiven des Unternehmens in ihre Analyse einbeziehen [s152]. Eine hohe Ausschüttungsquote kann zwar kurzfristig attraktiv erscheinen, langfristig aber das Wachstumspotenzial beschränken. Eine ausgewogene Balance zwischen Dividendenzahlungen und Reinvestitionen ins Geschäft ist entscheidend für nachhaltige Wertsteigerungen. Ein praktischer Analyseansatz ist die Erstellung einer Scoringkarte, die alle relevanten Kennzahlen gewichtet zusammenfasst. Dabei könnten beispielsweise die Ausschüttungsquote mit 30%, die Dividendendeckung mit 25%, das Verschuldungsverhältnis mit 25% und der freie Cashflow mit 20% in die Gesamtbewertung einfließen.

Glossar

EBITDA

Steht für 'Earnings Before Interest, Taxes, Depreciation and Amortization' - eine Kennzahl die den operativen Gewinn vor Zinsen, Steuern und Abschreibungen angibt und zur Beurteilung der operativen Ertragskraft dient

FCFE

Steht für 'Free Cash Flow to Equity' - bezeichnet den Barmittelüberschuss, der nach Abzug aller Investitionen und Schuldentilgungen den Aktionären zur Verfügung steht

WACC

Steht für 'Weighted Average Cost of Capital' - zeigt die durchschnittlichen Kosten an, die ein Unternehmen für die Beschaffung von Eigen- und Fremdkapital aufwenden muss

4. 1. 3. Nachhaltige Dividendenpolitik

Eine nachhaltige Dividendenpolitik basiert auf einem ausgewogenen Ansatz, der weit über die bloße Betrachtung hoher Ausschüttungsrenditen hinausgeht. Erfolgreiche Dividendenstrategien fokussieren sich auf die langfristige Entwicklung der Unternehmen und deren Fähigkeit, ihre Ausschüttungen nicht nur zu halten, sondern auch kontinuierlich zu steigern [s153]. Ein häufiger Fehler vieler Anleger ist die übermäßige Konzentration auf hohe Dividendenrenditen, ohne die Gesamtperformance und Nachhaltigkeit der Ausschüttungen zu berücksichtigen [s154]. Stattdessen sollten Investoren besonders auf qualitative Aspekte achten. Ein praktisches Beispiel: Ein Unternehmen mit einer Dividendenrendite von 3% und einem jährlichen Dividendenwachstum von 8% ist oft die bessere Wahl als eines mit 6% Rendite aber stagnierenden oder gar rückläufigen Ausschüttungen. Die Nachhaltigkeit der Dividendenpolitik lässt sich an mehreren Schlüsselindikatoren festmachen. Besonders wichtig ist die Entwicklung des operativen Geschäfts. Ein gesundes Unternehmenswachstum sollte sich in steigenden Umsätzen und Gewinnen widerspiegeln. Als Faustregel gilt: Das Gewinnwachstum sollte mindestens im mittleren einstelligen Prozentbereich liegen, um langfristig steigende Dividenden zu ermöglichen.

Für eine fundierte Analyse der Dividendennachhaltigkeit empfiehlt sich die Betrachtung mehrerer Jahre. Anleger sollten dabei besonders auf folgende Aspekte achten:
- Stabilität der Gewinnmargen
- Entwicklung des Marktanteils
- Investitionen in Forschung und Entwicklung
- Verschuldungsgrad und Zinsdeckung

Ein konkretes Beispiel für die praktische Umsetzung: Ein Konsumgüterunternehmen mit stabilen Margen von 15%, steigendem Marktanteil und moderater Verschuldung (Verhältnis Nettoverschuldung zu ebitda unter 2,0) bietet gute Voraussetzungen für eine nachhaltige Dividendenpolitik. Die Reinvestitionsquote spielt ebenfalls eine zentrale Rolle. Unternehmen müssen eine gesunde Balance zwischen Ausschüttungen und Investitionen in das eigene Geschäft finden [s153]. Eine praktische Orientierung bietet die folgende Faustregel: 40-60% des Gewinns für

Dividenden, 30-40% für Investitionen und 10-20% als Sicherheitspuffer. Besondere Bedeutung kommt auch der Wettbewerbsposition zu. Unternehmen mit starken Markteintrittsbarrieren, sei es durch Patente, Markenrecht oder Skaleneffekte, können ihre Marktposition besser verteidigen und damit nachhaltigere Dividenden zahlen. Ein Praxistipp: Analysieren Sie die Wettbewerbsposition anhand der Preissetzungsmacht und der Kundenbeziehungen.

Die Qualität des Managements ist ein weiterer wichtiger Faktor. Ein verantwortungsvolles Management wird eine ausgewogene Dividendenpolitik verfolgen, die sowohl die Interessen der Aktionäre als auch die langfristigen Unternehmensziele berücksichtigt. Achten Sie bei der Analyse auf:
- Transparente Kommunikation der Dividendenpolitik
- Nachvollziehbare Wachstumsstrategie
- Verantwortungsvoller Umgang mit Unternehmensressourcen

Ein weiterer wichtiger Aspekt ist die Anpassungsfähigkeit des Geschäftsmodells an veränderte Marktbedingungen. Unternehmen, die sich erfolgreich an neue Technologien oder Konsumtrends anpassen können, sind besser positioniert, um ihre Dividendenpolitik langfristig aufrechtzuerhalten. Ein praktisches Beispiel ist die erfolgreiche Digitalisierung traditioneller Geschäftsmodelle.

Für Anleger empfiehlt sich die Entwicklung einer systematischen Bewertungsmethodik. Diese könnte beispielsweise folgende Gewichtung beinhalten:
- Geschäftsmodell und Wettbewerbsposition (30%)
- Finanzielle Stabilität (25%)
- Dividendenhistorie und -wachstum (20%)
- Management und Strategie (15%)
- Marktposition und Branchenattraktivität (10%)

Die regelmäßige Überprüfung des Portfolios ist unerlässlich. Mindestens halbjährlich sollten Anleger ihre Positionen kritisch hinterfragen und prüfen, ob die ursprünglichen Investmentthesen noch gültig sind [s153]. Dabei sollten sie auch bereit sein, sich von Positionen zu trennen, wenn sich die fundamentalen Rahmenbedingungen verschlechtert haben.

Zusammenfassung - 4. 1. Dividendenstrategie

- Dividendenaristokraten müssen ihre Ausschüttungen über mindestens 25 Jahre kontinuierlich steigern
- Historisch übertreffen Dividendenaristokraten den Gesamtmarkt bei geringerer Volatilität
- Eine nachhaltige Dividenden-Ausschüttungsquote liegt typischerweise zwischen 40% und 60% des Gewinns
- Die Dividenden-Abdeckungsquote sollte mindestens 2,5 betragen für Spielraum bei künftigen Steigerungen
- Der Free Cashflow für Eigenkapital sollte die Dividendenzahlungen um mindestens das 1,2-fache übersteigen
- Ein Nettoverschuldung/EBITDA-Verhältnis über 3,0 ist kritisch für die Dividendenfähigkeit
- Versorger können 70-80% Ausschüttungsquote nachhaltig leisten, Technologieunternehmen deutlich weniger
- Eine steigende Ausschüttungsquote bei stagnierendem Cashflow ist ein Warnsignal
- Erfolgreiche Dividendenstrategien priorisieren oft 3% Rendite mit 8% Wachstum über 6% stagnierende Rendite
- Die empfohlene Gewinnverwendung ist: 40-60% Dividenden, 30-40% Investitionen, 10-20% Sicherheitspuffer
- Portfoliobewertung sollte Geschäftsmodell (30%), Finanzstabilität (25%), Dividendenhistorie (20%), Management (15%) und Marktposition (10%) gewichten

4. 2. Hebel und Derivate

Die Welt der Hebel und Derivate fasziniert und schreckt gleichermaßen ab. Während einige Anleger von spektakulären Gewinnen träumen, warnen andere vor den erheblichen Risiken dieser Finanzinstrumente. Doch was macht den Handel mit Optionen, Futures und anderen derivativen Produkten so besonders? Wie können erfahrene Anleger diese Instrumente gewinnbringend in ihre Strategien einbauen, ohne sich existenzbedrohenden Risiken auszusetzen? Die Hebelwirkung dieser Finanzinstrumente ermöglicht es, mit relativ geringem Kapitaleinsatz überproportional an Kursbewegungen zu partizipieren. Gleichzeitig erfordern sie ein tiefes Verständnis der zugrundeliegenden Mechanismen und ein systematisches Risikomanagement. Gerade die Kombination verschiedener Derivate eröffnet interessante Möglichkeiten zur Portfoliooptimierung und Absicherung. In den folgenden Abschnitten werden wir die wichtigsten Konzepte und Strategien im Detail beleuchten - von klassischen Optionsstrategien über den Futures-Handel bis hin zur systematischen Risiko-Rendite-Optimierung. Das erworbene Wissen wird Sie in die Lage versetzen, fundierte Entscheidungen über den Einsatz dieser fortgeschrittenen Instrumente in Ihrem Portfolio zu treffen.

„Die Hebelwirkung bei Futures ermöglicht große Positionen mit relativ wenig Kapitaleinsatz, da Anleger nur einen kleinen Prozentsatz des Kontraktwertes als Sicherheit hinterlegen müssen.“

4. 2. 1. Optionsstrategien

Optionsstrategien gehören zu den komplexeren Instrumenten an der Börse, bieten aber auch vielfältige Möglichkeiten für erfahrene Anleger [s155]. Im Kern sind Optionen derivate, die dem Inhaber das Recht, aber nicht die Verpflichtung geben, einen bestimmten Vermögenswert zu einem vorher festgelegten Preis zu kaufen oder zu verkaufen [s156]. Nehmen wir als Beispiel eine Call-Option auf die Aktie eines bekannten Technologieunternehmens: Ein Anleger erwirbt für 5 Euro eine Call-Option mit einem Ausübungspreis von 100 Euro und einer Laufzeit von 3 Monaten. Steigt der Aktienkurs in dieser Zeit auf 120 Euro, kann der Anleger die Option ausüben und einen Gewinn von 15 Euro pro Aktie erzielen (120 Euro - 100 Euro - 5 Euro Optionsprämie = 15 Euro) [s155]. Eine der grundlegendsten Optionsstrategien ist der "Covered Call", bei dem ein Anleger Aktien besitzt und gleichzeitig Call-Optionen auf diese Aktien verkauft. Diese Strategie eignet sich besonders in Seitwärtsmärkten, da die vereinnahmte Optionsprämie zusätzliche Erträge generiert [s156]. Ein konkretes Beispiel: Ein Anleger besitzt 100 Aktien zu je 50 Euro und verkauft eine Call-Option mit einem Ausübungspreis von 55 Euro für 2 Euro Prämie. Selbst wenn die Aktie unter 55 Euro bleibt, verdient der Anleger die 200 Euro Prämie (2 Euro × 100 Aktien). Eine defensive Strategie ist der "Protective Put", bei dem zusätzlich zum Aktienbesitz Put-Optionen gekauft werden, um sich gegen Kursverluste abzusichern [s155]. Dies funktioniert wie eine Versicherung: Fällt der Aktienkurs unter den Ausübungspreis der Put-Option, begrenzt dies den Verlust. Fortgeschrittene Anleger nutzen auch komplexere Strategien wie den "Modified Butterfly Spread" [s157]. Diese Strategie verwendet vier Optionskontrakte mit unterschiedlichen Ausübungspreisen und eignet sich besonders für Situationen, in denen man eine geringe Kursbewegung erwartet. Ein typischer Modified Butterfly könnte so aussehen: Kauf einer Call-Option mit Ausübungspreis 90 Euro, Verkauf von zwei Call-Optionen mit Ausübungspreis 100 Euro und Kauf einer Call-Option mit Ausübungspreis 110 Euro. Marktneutrale Strategien sind besonders interessant für Anleger, die unabhängig von der allgemeinen Marktrichtung Gewinne erzielen möchten [s158]. Diese kombinieren Long- und Short-Positionen so, dass das Marktrisiko weitgehend neutralisiert wird. Ein Beispiel wäre der gleichzeitige Kauf von unterbewerteten Aktien und der Verkauf von überbewerteten Aktien im gleichen Sektor. Wichtig zu beachten ist, dass

Optionsstrategien erhebliche Risiken bergen können [s159]. Die Hebelwirkung kann nicht nur zu überproportionalen Gewinnen, sondern auch zu Verlusten führen, die die ursprüngliche Investition übersteigen. Ein Beispiel: Bei einer Option mit einem Hebel von 10 führt eine negative Kursbewegung von 10% zu einem Totalverlust der Investition. Für den Erfolg mit Optionsstrategien ist ein tiefes Verständnis der Preisfaktoren wie volatilitaet, Zeitwert und Ausübungspreis unerlässlich [s160]. Anleger sollten auch die verschiedenen Optionszustände kennen: "In-the-Money" (ITM), wenn die Option einen inneren Wert hat, "At-the-Money" (ATM), wenn der Aktienkurs dem Ausübungspreis entspricht, und "Out-of-the-Money" (OTM), wenn die Option keinen inneren Wert hat [s156]. Besonders wichtig ist das aktive Risikomanagement durch hedging [s159]. Dies kann beispielsweise durch den gleichzeitigen Einsatz von Call- und Put-Optionen erfolgen, um bestimmte Risikoszenarien abzusichern. Ein praktisches Beispiel wäre eine "Collar"-Strategie, bei der man eine Put-Option kauft und gleichzeitig eine Call-Option verkauft, um die Kosten der Absicherung zu reduzieren.

4. 2. 2. Futures-Handel

Der futures-Handel stellt einen bedeutenden Teil des Derivatemarktes dar und ermöglicht es Anlegern, standardisierte Kontrakte über zukünftige Käufe oder Verkäufe von Vermögenswerten abzuschließen [s161]. Diese Kontrakte verpflichten beide Parteien - anders als bei Optionen - zur Erfüllung der vereinbarten Transaktion zu einem festgelegten Zeitpunkt und Preis [s162]. Ein wesentlicher Vorteil des Futures-Handels liegt in der Hebelwirkung: Anleger müssen nur einen kleinen Prozentsatz des Kontraktwertes als Sicherheit (Margin) hinterlegen. Beispielsweise könnte bei einem Goldkontrakt im Wert von 100.000 Euro eine Initial Margin von nur 5.000 Euro erforderlich sein. Diese Hebelwirkung ermöglicht einerseits große Positionen mit relativ wenig Kapitaleinsatz, erhöht aber auch das Verlustrisiko erheblich [s161]. Der globale Markt für börsengehandelte Derivate erreichte 2014 ein Volumen von 57,6 Billionen USD [s163]. Dabei wird der Handel von wenigen großen Akteuren dominiert, insbesondere im Rohstoffbereich [s164]. Der sogenannte "Notional Value" - der Gesamtwert des zugrundeliegenden Vermögenswerts - spielt eine zentrale Rolle bei der Risikobewertung und Absicherung von Positionen [s165]. Für private Anleger ist besonders wichtig zu verstehen, dass der Futures-Markt im Wesentlichen ein Nullsummenspiel darstellt: Der Gewinn einer Partei entspricht dem Verlust der anderen [s166]. Dies wird besonders deutlich in Krisenzeiten: Der Ukraine-Konflikt beispielsweise führte zu häufigen Margin Calls und erhöhten Sicherheitsanforderungen, was viele Händler vor Liquiditätsprobleme stellte [s164]. Der Markt wird in vier Hauptkategorien von Teilnehmern unterteilt: Händler/Intermediäre (sell side), Vermögensverwalter/Institutionen, Hebel-Fonds und andere Meldepflichtige (buy side) [s167]. Jede dieser Gruppen verfolgt unterschiedliche Strategien und Ziele. Für ein erfolgreiches Risikomanagement im Futures-Handel sind mehrere Aspekte entscheidend: 1. Positionslimits beachten: Diese gelten auch außerhalb regulärer Handelszeiten und variieren je nach Kontrakt [s168]. 2. Diversifikation: Nicht alle Eier in einen Korb legen. 3. Stop-Loss-Orders: Verluste systematisch begrenzen. 4. hedging-Strategien entwickeln: Risiken durch Gegengeschäfte absichern [s161]. Ein praktisches Beispiel für den Futures-Handel: Ein Landwirt möchte sich gegen fallende Weizenpreise absichern. Er verkauft Weizen-Futures für seine erwartete Ernte in sechs Monaten. Steigt der Weizenpreis, verliert er zwar am Futures-Markt, profitiert aber von höheren Verkaufspreisen für seine physische Ernte. Bei fallenden Preisen gleichen die Gewinne aus den Futures-Kontrakten die niedrigeren Verkaufspreise aus. Besondere Aufmerksamkeit verdient das Liquiditätsrisiko: Die durchschnittliche Handelsgröße für börsengehandelte Derivate ist seit 2009 gesunken [s163]. Dies kann besonders bei größeren Positionen zu Problemen beim Ein- und Ausstieg führen.

Für Einsteiger empfiehlt sich:
- Zunächst mit kleinen Positionen beginnen
- Gründliche Marktanalyse betreiben
- Risikomanagement-Tools konsequent nutzen
- Margin-Anforderungen großzügig kalkulieren
- Stop-Loss-Limits strikt einhalten

Die komplexen Verbindungen zwischen Rohstoffmärkten und dem Finanzsystem [s169] erfordern ein tiefes Verständnis der Marktmechanismen. Retail-Investoren tendieren oft dazu, Geld zu verlieren, da sie häufig emotional handeln und auf Volatilität überreagieren [s161].

4. 2. 3. Risiko-Rendite-Optimierung

Die Optimierung des Verhältnisses zwischen Risiko und Rendite steht im Zentrum jeder erfolgreichen Anlagestrategie. Dabei gilt es, für das eingegangene Risiko eine möglichst hohe Rendite zu erzielen [s170]. Die Kunst besteht darin, verschiedene Instrumente und Strategien so zu kombinieren, dass ein optimales Ergebnis erzielt wird. hedgefonds haben sich dabei als Pioniere etabliert, indem sie systematisch Hebel und Derivate einsetzen, um ihre Renditen zu steigern [s171]. Sie verfolgen dabei häufig marktneutrale Strategien, die allerdings in Zeiten hoher Marktkorrelation an Effektivität verlieren können [s172]. Ein praktisches Beispiel: Wenn in einer Krisenphase alle Aktien gleichzeitig fallen, funktioniert die klassische Long-Short-Strategie nicht mehr optimal. Die moderne Portfolio-Optimierung nutzt ausgefeilte Techniken zur Vermögensallokation [s173]. Dabei werden verschiedene Assetklassen so kombiniert, dass bei gegebenem Risikoniveau die höchstmögliche Rendite erzielt wird. Ein konkretes Beispiel wäre die Aufteilung eines Portfolios in 60% Aktien, 30% Anleihen und 10% Alternative Investments, wobei die genauen Prozentsätze vom individuellen Risikoprofil abhängen. Zunehmend wichtig wird der Einsatz von Künstlicher Intelligenz bei der Optimierung von Handelsstrategien [s174]. KI-Systeme können in Echtzeit große Datenmengen analysieren und Handelssignale generieren. Ein praktischer Anwendungsfall: Ein KI-System erkennt Muster in der Volatilität bestimmter Optionen und kann dadurch profitable Handelsgelegenheiten identifizieren. Bei der Risiko-Rendite-Optimierung spielen auch internationale Aspekte eine wichtige Rolle [s175]. Anleger müssen Wechselkursrisiken managen und politische Risiken einschätzen. Eine bewährte Strategie ist beispielsweise das Currency Hedging, bei dem Währungsrisiken durch den Einsatz von Derivaten abgesichert werden. Hedge Funds nutzen ihre besonderen Möglichkeiten durch komplexe Handelsstrategien [s176]. Die Kombination aus geringer Regulierung und hoher Flexibilität ermöglicht es ihnen, auch in schwierigen Marktphasen positive Renditen anzustreben. Allerdings birgt die hohe Hebelwirkung auch erhebliche Risiken. Ein Beispiel aus der Praxis: Ein Hedge Fund könnte durch den Einsatz von Optionen und Futures eine Position aufbauen, die das zehnfache des eingesetzten Kapitals beträgt. Für private Anleger empfiehlt sich ein systematischer Ansatz zur Risiko-Rendite-Optimierung: 1. Klare Definition der Anlageziele und Risikobereitschaft 2. Breite

Diversifikation über verschiedene Anlageklassen 3. Regelmäßige Überprüfung und Anpassung der Allokation 4. Einsatz von Absicherungsstrategien in volatilen Marktphasen 5. Berücksichtigung von Korrelationen zwischen verschiedenen Investments Besonders wichtig ist das Verständnis der Risikoprämien verschiedener Anlageklassen [s173]. Diese zusätzliche Rendite, die Investoren für das Eingehen von Risiken erwarten, variiert je nach Marktphase und Anlageklasse. Ein konkretes Beispiel: Hochzinsanleihen bieten eine höhere Risikoprämie als Staatsanleihen, tragen aber auch ein höheres Ausfallrisiko. Die asymmetrischen Vergütungsstrukturen vieler Finanzprodukte können zu übermäßiger Risikonahme verleiten [s176]. Anleger sollten daher die Anreizstrukturen ihrer Investments genau verstehen. Ein typisches Beispiel sind Performance Fees bei Hedgefonds, die zu aggressiveren Handelsstrategien führen können.

Für eine erfolgreiche Risiko-Rendite-Optimierung ist ein disziplinierter Investmentprozess unerlässlich. Dieser sollte folgende Elemente umfassen:
- Regelmäßige Portfolioanalyse
- Systematisches rebalancing
- Dokumentation aller Anlageentscheidungen
- Stresstest-Szenarien
- Klare Exit-Strategien

Die Implementierung dieser Strategien erfordert sowohl technisches Verständnis als auch emotionale Disziplin. Gerade in Krisenzeiten ist es wichtig, nicht von der gewählten Strategie abzuweichen und überstürzte Entscheidungen zu vermeiden.

Zusammenfassung - 4. 2. Hebel und Derivate

- Optionen geben das Recht, nicht die Pflicht, Vermögenswerte zu einem festgelegten Preis zu handeln
- Der "Covered Call" eignet sich besonders in Seitwärtsmärkten durch zusätzliche Optionsprämien
- Der "Modified Butterfly Spread" verwendet vier Optionskontrakte mit unterschiedlichen Ausübungspreisen
- Marktneutrale Strategien kombinieren Long- und Short-Positionen zur Neutralisierung des Marktrisikos
- Der globale Markt für börsengehandelte Derivate erreichte 2014 ein Volumen von 57,6 Billionen USD
- Die durchschnittliche Handelsgröße für börsengehandelte Derivate ist seit 2009 gesunken
- Futures-Handel erfordert nur einen kleinen Prozentsatz des Kontraktwertes als Sicherheit (Margin)
- Der Futures-Markt wird von vier Hauptkategorien dominiert: Händler, Vermögensverwalter, Hebel-Fonds und andere Meldepflichtige
- KI-Systeme analysieren in Echtzeit große Datenmengen zur Optimierung von Handelsstrategien
- Currency Hedging wird zur Absicherung von Währungsrisiken durch Derivate eingesetzt
- Hedgefonds nutzen ihre geringe Regulierung und hohe Flexibilität für komplexe Handelsstrategien
- Performance Fees bei Hedgefonds können zu aggressiveren Handelsstrategien führen
- Marktneutrale Strategien verlieren in Zeiten hoher Marktkorrelation an Effektivität

4. 3. Alternative Investments

In einer Zeit, in der klassische Anlageformen wie Aktien und Anleihen zunehmend unter Druck geraten, suchen Investoren verstärkt nach Alternativen für ihre Portfolios. Doch welche Möglichkeiten bieten sich jenseits der traditionellen Börseninvestments? Wie können alternative Anlagen zur Diversifikation beitragen und welche spezifischen Chancen und Risiken gilt es zu beachten? Alternative Investments umfassen ein breites Spektrum von Anlagemöglichkeiten - von Immobilien über Private Equity bis hin zu Kryptowährungen. Während einige dieser Anlageformen bereits seit Jahrzehnten etabliert sind, haben sich andere erst in jüngerer Zeit entwickelt. Die zentrale Frage für Anleger lautet dabei: Welche dieser Alternativen eignen sich für die eigene Anlagestrategie und wie lassen sie sich sinnvoll in ein bestehendes Portfolio integrieren? Die folgenden Abschnitte beleuchten die wichtigsten alternativen Anlageformen im Detail und zeigen auf, wie Sie als Investor von den spezifischen Eigenschaften dieser Investments profitieren können.

> *„Sehr wohlhabende Privatanleger investieren mittlerweile etwa 50% ihres Portfolios in alternative Anlagen, wobei Private Equity einen bedeutenden Anteil ausmacht.“*

4. 3. 1. Immobilieninvestments

Immobilieninvestments gehören zu den beliebtesten alternativen Anlageformen und bieten verschiedene Möglichkeiten der Vermögensbildung. Die Attraktivität liegt besonders in der Kombination aus laufenden Mieteinnahmen und potentieller Wertsteigerung [s177]. Dabei ist die geringe Korrelation zu klassischen Anlageklassen wie Aktien und Anleihen ein wichtiger Vorteil für die Portfolio-Diversifikation [s178]. Für Einsteiger bieten sich verschiedene Zugangswege: Während der direkte Immobilienkauf traditionell hohe Eigenkapitalanforderungen stellt, ermöglichen moderne Investitionsvehikel wie Crowdfunding-Plattformen auch kleineren Anlegern den Einstieg [s179]. Ein praktisches Beispiel: Mit bereits 500 Euro können Anleger sich an ausgewählten Immobilienprojekten beteiligen und von der Expertise professioneller Projektentwickler profitieren. Besonders interessant sind Investments in Mehrfamilienimmobilien, die durch multiple Mieteinheiten eine natürliche Risikostreuung bieten [s180]. Hier ein konkreter Ansatz: Bei einem Objekt mit 6 Wohneinheiten bedeutet ein temporärer Leerstand nur den Ausfall von etwa 17% der Mieteinnahmen. Die Syndizierung, also der Zusammenschluss mehrerer Investoren, macht auch größere Objekte zugänglich [s180]. Bei der Auswahl von Immobilieninvestments sind verschiedene Faktoren zu beachten. Eine fundierte Standortanalyse ist essentiell - dabei sollten Infrastruktur, demographische Entwicklung und lokale Wirtschaftsdaten geprüft werden [s181]. Ein praktischer Tipp: Recherchieren Sie die durchschnittlichen Mietpreisentwicklungen der letzten 5 Jahre in der gewünschten Lage. Die finanzielle Strukturierung spielt eine zentrale Rolle. Experten empfehlen einen Eigenkapitalanteil von mindestens 30%, um auch in Krisenzeiten handlungsfähig zu bleiben [s182]. Wichtig ist zudem die Bildung ausreichender Rücklagen für Instandhaltung und unerwartete Ausgaben. Eine Faustformel: Kalkulieren Sie jährlich mit 1% des Immobilienwertes für Instandhaltungskosten. Steuerliche Aspekte machen Immobilieninvestments besonders attraktiv. Abschreibungen, Instandhaltungskosten und Finanzierungsaufwendungen können steuerlich geltend gemacht werden [s177]. Ein konkretes Beispiel: Bei einer Immobilie im Wert von 500.000 Euro können jährlich 2% (10.000 Euro) als Abschreibung angesetzt werden. Für Anleger, die keine direkte Immobilienverwaltung übernehmen möchten, bieten sich reits (Real Estate Investment Trusts) an [s183]. Diese börsennotierten

Immobiliengesellschaften müssen mindestens 90% ihrer Gewinne ausschütten und investieren hauptsächlich in Gewerbeimmobilien. Ein praktischer Vorteil: REITs bieten hohe Liquidität, da sie täglich an der Börse gehandelt werden können. Die Inflationsschutzfunktion von Immobilien ist ein weiterer wichtiger Aspekt [s178]. Mietverträge können meist an die Preisentwicklung angepasst werden, wodurch die reale Kaufkraft der Einnahmen weitgehend erhalten bleibt. Ein aktuelles Beispiel: In Zeiten steigender Inflation haben sich Immobilieninvestments als wertstabil erwiesen. Für langfristigen Erfolg ist ein professionelles Immobilienmanagement unerlässlich [s181]. Dies umfasst sorgfältige Mieterauswahl, regelmäßige Wartung und rechtssichere Vertragsgestaltung. Praktische Empfehlung: Arbeiten Sie mit lokalen Immobilienverwaltern zusammen, die den Markt kennen und schnell auf Probleme reagieren können. Eine ausgewogene Diversifikation sollte auch innerhalb des Immobilienportfolios angestrebt werden [s184]. Dies kann durch verschiedene Standorte, Immobilientypen oder Investitionsformen erreicht werden. Beispielsweise könnte ein Portfolio aus einer selbst verwalteten Wohnimmobilie, REIT-Anteilen und Crowdfunding-Beteiligungen bestehen.

Glossar

Syndizierung
Ein rechtlich strukturierter Prozess, bei dem mehrere Investoren in einer gemeinsamen Gesellschaft zusammengeführt werden, oft in Form einer GmbH & Co. KG.

Crowdfunding
Eine Finanzierungsmethode, bei der viele Kleinanleger gemeinsam Projekte finanzieren. Die Abwicklung erfolgt meist über digitale Plattformen mit standardisierten Prozessen.

4. 3. 2. Private Equity

Private_equity (PE) hat sich als bedeutende Form der alternativen Geldanlage etabliert und zieht besonders vermögende Investoren an. Im Kern geht es dabei um Investitionen in nicht börsennotierte Unternehmen oder um die Übernahme und anschließende Privatisierung von börsennotierten Firmen [s185] [s186]. Die Attraktivität von Private Equity zeigt sich in den Allokationsentscheidungen vermögender Privatanleger: Sehr wohlhabende Individuen investieren mittlerweile etwa 50% ihres Portfolios in alternative Anlagen, wobei PE einen bedeutenden Anteil ausmacht [s187]. Besonders interessant: Jüngere Investoren setzen sogar dreimal mehr auf alternative Anlagen im Vergleich zu traditionellen Aktieninvestments [s187]. Ein konkretes Beispiel für erfolgreiche PE-Investments liefert Ares Management Corporation. Seit ihrer Gründung 1997 bietet die Gesellschaft verschiedene Investmentlösungen an und hat dabei eine beeindruckende Erfolgsbilanz aufgebaut [s188]. Für interessierte Anleger bedeutet dies: Die Auswahl eines etablierten PE-Managers mit nachgewiesener Expertise kann das Erfolgsrisiko deutlich reduzieren.

Die Bandbreite der Investitionsmöglichkeiten im PE-Bereich ist beachtlich. Sie umfasst verschiedene Strategien wie:
- Direktinvestitionen in Unternehmen
- Regionale Spezialisierungen (z.B. Asien-Pazifik)
- Branchenfokussierte Investments (z.B. Energie und Infrastruktur) [s188]

Während der Corona-Pandemie erreichten alternative Investments, einschließlich Private Equity, einen Höchststand von etwa 15,5% aller Portfolioinvestitionen. Auch wenn dieser Anteil bis Ende 2023 leicht auf 14,9% zurückging [s186], zeigt der Trend die wachsende Bedeutung dieser Anlageklasse. Für Privatanleger ist wichtig zu wissen: PE-Investments bieten zwar potenziell höhere Renditen, bringen aber auch spezifische Herausforderungen mit sich. Ein praktischer Tipp für Einsteiger: Beginnen Sie mit PE-Dachfonds oder PE-ETFs, die eine breitere Streuung ermöglichen und geringere Mindestanlagesummen erfordern. Die Zielgruppe für PE-Investments hat sich in den letzten Jahren erweitert. Neben institutionellen Investoren wie Versicherungen und Family Offices können auch private Anleger über verschiedene Vehikel in PE investieren [s189].

Ein konkreter Ansatz: Prüfen Sie die Möglichkeit, über spezialisierte Vermögensverwalter oder digitale Plattformen in PE-Produkte zu investieren. Besonders relevant für die Anlageentscheidung: PE-Investments erfordern typischerweise einen längeren Anlagehorizont von 7-10 Jahren. Eine praktische Empfehlung lautet daher: Investieren Sie nur Kapital, das Sie über diesen Zeitraum nicht benötigen und planen Sie Ihre Liquidität entsprechend. Die Expertise der PE-Manager spielt eine zentrale Rolle für den Investmenterfolg. Sie analysieren potenzielle Zielunternehmen, optimieren deren Geschäftsmodelle und bereiten den späteren gewinnbringenden Verkauf vor. Ein wichtiger Hinweis für Anleger: Achten Sie bei der Auswahl von PE-Investments besonders auf die Track Record der Manager und deren Branchenexpertise. Für eine ausgewogene Portfoliostrategie empfiehlt sich eine schrittweise Aufbauphase im PE-Bereich. Ein möglicher Ansatz: Beginnen Sie mit 5-10% Ihres investierbaren Vermögens und erhöhen Sie die Quote basierend auf Ihren Erfahrungen und Ihrer Risikotoleranz. Die zunehmende Bedeutung von PE spiegelt sich auch in der wachsenden Aktivität vermögender Privatinvestoren wider, die 2022 zu den aktivsten Käufern im globalen Gewerbeimmobilienmarkt gehörten [s187]. Dies unterstreicht das Potenzial dieser Anlageklasse für langfristig orientierte Investoren.

Glossar

Family Office

Eine private Vermögensverwaltungsgesellschaft, die das Vermögen einer oder mehrerer wohlhabender Familien verwaltet und dabei verschiedene Dienstleistungen wie Investmentmanagement, Steuerplanung und Nachfolgereglung anbietet.

Track Record

Die dokumentierte Erfolgshistorie eines Investmentmanagers oder Unternehmens, die dessen bisherige Leistungen und Ergebnisse aufzeigt. Dient als wichtiger Indikator für die Bewertung zukünftiger Erfolgsaussichten.

4. 3. 3. Kryptowährungen

Kryptowährungen haben sich in den letzten Jahren von einem Nischenprodukt zu einer etablierten alternativen Anlageklasse entwickelt. Die auf Blockchain-Technologie basierenden digitalen Währungen [s190] bieten Investoren neue Möglichkeiten der Portfolio-Diversifikation, bringen aber auch spezifische Risiken mit sich. Beeindruckend ist das rasante Wachstum des Marktes: Von 620 Milliarden Dollar im Jahr 2017 stieg der Gesamtwert auf fast 3 Billionen Dollar im November 2021 [s191]. Diese Entwicklung zeigt das enorme Interesse von Investoren an dieser neuen Anlageklasse. Ein praktischer Tipp für Einsteiger: Beginnen Sie mit kleinen Investitionen in etablierte Kryptowährungen, um erste Erfahrungen zu sammeln. Die Analyse der Portfolioeffekte zeigt interessante Erkenntnisse: Kryptowährungen können die risikoadjustierte Performance eines Portfolios verbessern, was sich in einem höheren Sharpe Ratio niederschlägt [s192]. Konkret bedeutet das: Ein traditionelles Portfolio aus Aktien und Anleihen könnte von einer kleinen Beimischung von Kryptowährungen profitieren. Eine sinnvolle Strategie wäre, zunächst mit einer Allocation von 1-2% des Gesamtportfolios zu starten. Allerdings hat sich die Rolle von Kryptowährungen als Diversifikationsinstrument während der Corona-Pandemie verändert. Die Korrelation mit traditionellen Anlageklassen, insbesondere Aktien, ist deutlich gestiegen [s191]. Ein wichtiger Hinweis für Anleger: Die ursprünglich erwarteten Diversifikationsvorteile sind möglicherweise nicht mehr so ausgeprägt wie in der Anfangsphase. Besonders interessant ist die Kombination von Kryptowährungen mit anderen alternativen Anlagen wie Gold. Studien zeigen, dass beide Assets in Krisenzeiten als Hedge-Optionen dienen können [s193]. Eine praktische Empfehlung lautet daher: Prüfen Sie die Möglichkeit, sowohl Gold als auch Kryptowährungen als Krisenabsicherung zu nutzen.

Für die konkrete Umsetzung einer Krypto-Investition gibt es verschiedene Wege:
- Direkter Kauf über Krypto-Börsen
- Investment in Krypto-ETFs oder -Zertifikate
- Beteiligung an Krypto-Mining-Projekten

Ein wichtiger Aspekt für Anleger ist das Verständnis der regulatorischen Entwicklungen. Experten empfehlen die Schaffung eines globalen regulatorischen Rahmens, um die Stabilität des Krypto-Ökosystems zu gewährleisten [s191]. Praktischer Tipp: Achten Sie bei der Auswahl von Handelsplattformen auf deren regulatorische Compliance und Sicherheitsstandards. Die Volatilität von Kryptowährungen schränkt ihre Verwendung als Zahlungsmittel ein [s193]. Dennoch werden sie zunehmend als Absicherungsinstrument für Vermögensperspektiven wahrgenommen [s194]. Eine ausgewogene Strategie könnte sein: Behandeln Sie Krypto-Investments primär als spekulatives Investment mit Potenzial zur Portfoliodiversifikation, nicht als Ersatz für traditionelle Währungen.

Für den langfristigen Erfolg ist ein systematischer Investmentansatz wichtig. Empfehlenswert ist:
- Regelmäßiges Rebalancing des Portfolios
- Dokumentation aller Transaktionen für steuerliche Zwecke
- Nutzung sicherer Wallet-Lösungen zur Verwahrung

Die Zukunft der Kryptowährungen wird maßgeblich von technologischen Entwicklungen und regulatorischen Rahmenbedingungen bestimmt werden. Anleger sollten daher:
- Regelmäßig Marktentwicklungen verfolgen
- Sich über technologische Neuerungen informieren
- Regulatorische Änderungen im Blick behalten

Glossar

Blockchain
Ein dezentrales, digitales Buchungssystem, das Transaktionen in Blöcken speichert und durch kryptografische Verfahren fälschungssicher miteinander verkettet.

Mining
Der Prozess der Erzeugung neuer Kryptowährungseinheiten durch das Lösen komplexer mathematischer Aufgaben mit Computerhardware.

Sharpe Ratio
Eine Kennzahl zur Beurteilung der Anlageperformance, die die Überrendite einer Anlage im Verhältnis zu ihrer Volatilität misst.

Wallet
Eine digitale Brieftasche zur sicheren Aufbewahrung von Kryptowährungen, die aus einem öffentlichen und einem privaten Schlüssel besteht.

Zusammenfassung - 4. 3. Alternative Investments

- Immobilieninvestments bieten durch Syndizierung auch bei geringem Eigenkapital Zugang zu größeren Objekten
- Bei Mehrfamilienimmobilien bedeutet ein Leerstand einer Einheit nur etwa 17% Mietausfall
- REITs müssen mindestens 90% ihrer Gewinne ausschütten und fokussieren sich auf Gewerbeimmobilien
- Experten empfehlen 30% Eigenkapitalanteil für Krisenresistenz bei Immobilieninvestments
- Jährlich können 2% des Immobilienwerts als Abschreibung steuerlich geltend gemacht werden
- Vermögende Privatanleger investieren mittlerweile etwa 50% ihres Portfolios in alternative Anlagen
- Jüngere Investoren setzen dreimal mehr auf alternative Anlagen als auf traditionelle Aktieninvestments
- Alternative Investments erreichten während der Corona-Pandemie einen Höchststand von 15,5% aller Portfolioinvestitionen
- Private Equity Investments erfordern typischerweise einen Anlagehorizont von 7-10 Jahren
- Der Kryptomarkt wuchs von 620 Milliarden Dollar in 2017 auf fast 3 Billionen Dollar in 2021
- Die Korrelation von Kryptowährungen mit traditionellen Anlageklassen stieg während der Corona-Pandemie deutlich an
- Studien zeigen Kryptowährungen und Gold als kombinierbare Hedge-Optionen in Krisenzeiten

Rückblick - 4. Fortgeschrittene Strategien

- Dividendenaristokraten haben ihre Ausschüttungen über mindestens 25 Jahre kontinuierlich gesteigert und übertreffen den Gesamtmarkt bei geringerer Volatilität.
- Eine nachhaltige Ausschüttungsquote liegt typischerweise zwischen 40% und 60% des Gewinns.
- Der freie Cashflow für Eigenkapital (FCFE) sollte die Dividendenzahlungen mindestens um das 1,2-fache übersteigen.
- Ein Verhältnis von Nettoverschuldung zu EBITDA über 3,0 sollte kritisch hinterfragt werden.
- Reife Unternehmen in stabilen Branchen können 70-80% ihres Gewinns ausschütten, während dies bei Technologieunternehmen meist nicht nachhaltig wäre.
- Optionsstrategien wie "Covered Call" eignen sich besonders in Seitwärtsmärkten durch zusätzliche Optionsprämien.
- Der "Modified Butterfly Spread" verwendet vier Optionskontrakte mit unterschiedlichen Ausübungspreisen für geringe Kursbewegungen.
- Futures-Handel erfordert nur einen kleinen Prozentsatz des Kontraktwertes als Sicherheit (Margin).
- Der globale Markt für börsengehandelte Derivate erreichte 2014 ein Volumen von 57,6 Billionen USD.
- Immobilieninvestments bieten eine geringe Korrelation zu klassischen Anlageklassen wie Aktien und Anleihen.
- REITs müssen mindestens 90% ihrer Gewinne ausschütten und investieren hauptsächlich in Gewerbeimmobilien.
- Private Equity erfordert typischerweise einen Anlagehorizont von 7-10 Jahren.
- Der Kryptomarkt wuchs von 620 Milliarden Dollar in 2017 auf fast 3 Billionen Dollar im November 2021.
- Die Korrelation von Kryptowährungen mit traditionellen Anlageklassen ist während der Corona-Pandemie deutlich gestiegen.

Kostenlose Zusatzangebote in Planung

Wir freuen uns, Ihnen künftig ergänzende kostenlose Materialien zu diesem Buch anbieten zu können:

- Ein exklusives Bonuskapitel mit zusätzlichen Inhalten
- Eine kompakte Zusammenfassung des gesamten Buches im PDF-Format

Die Veröffentlichung dieser Materialien ist für Januar 2025 geplant.
Besuchen Sie gerne schon heute unsere Website. Sobald unser Newsletter-Service startet (voraussichtlich Januar 2025), können Sie sich dort für Updates registrieren und verpassen keine Neuigkeiten zu den kostenlosen Zusatzangeboten.

SaageBooks.com/de/vermoegensaufbau_an_der_boerse-bonus-P79QZ1

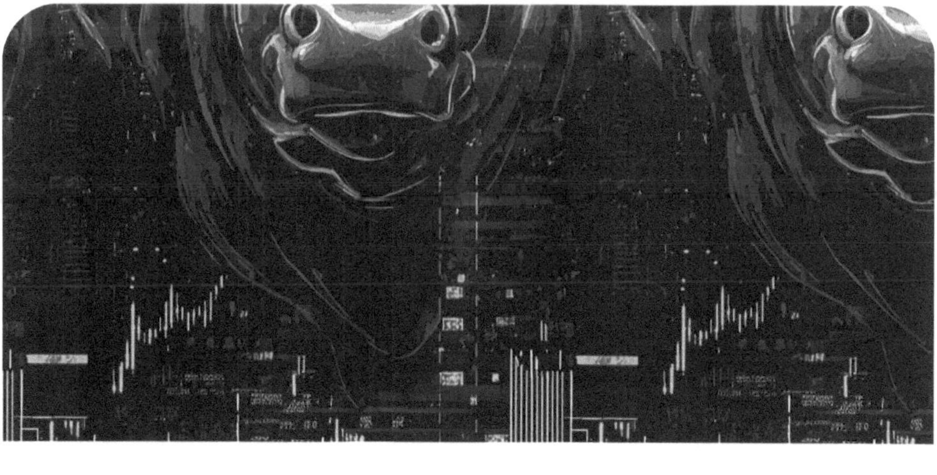

Liebe Leserinnen, liebe Leser,

Ich fühle mich sehr geehrt, dass Sie sich die Zeit genommen haben, mein Buch von Anfang bis Ende zu lesen. Als Autor ist es mein größter Wunsch, Ihnen wertvolle Erkenntnisse und praktische Hilfestellungen mit auf den Weg zu geben. Ihr Vertrauen in meine Arbeit bedeutet mir sehr viel. Ich hoffe, die Lektüre war für Sie bereichernd. Sollten Sie Fragen oder Anregungen haben, können Sie mich gerne über unsere Website kontaktieren.

Wenn Ihnen dieses Buch gefallen hat, würde ich mich sehr über eine ehrliche Rezension freuen. Ihre Meinung ist mir wichtig und hilft anderen Lesern bei ihrer Entscheidung. Sie können Ihre ehrliche Bewertung ganz einfach auf der Verkaufsplattform hinterlassen, über die Sie das Buch erworben haben.
Vielen Dank für Ihre Unterstützung!

Artemis Saage

Saage Media GmbH

SaageBooks.com/de

Entdecken Sie mehr! Auf unserer Verlagswebsite erwartet Sie eine vielfältige Auswahl an weiteren Büchern und spannenden Publikationen. Neben kostenlosen Inhalten und exklusiven Bonusmaterialien finden Sie dort auch vertiefende Informationen zu unseren Werken. Stöbern Sie durch unser umfangreiches digitales Angebot und lassen Sie sich von zusätzlichen Leseerlebnissen inspirieren. Als besonderen Service bieten wir Ihnen sowohl kostenfreie als auch kostenpflichtige Inhalte an, die Ihr Leseerlebnis perfekt ergänzen.

SaageBooks.com/de

Quellen

Mein aufrichtiger Dank gilt allen Autorinnen und Autoren der zitierten wissenschaftlichen und nicht-wissenschaftlichen Quellen, den Betreibern der referenzierten Internetseiten sowie den Urheberinnen und Urhebern der verwendeten Bilder, Grafiken und Studien, deren wertvolle Arbeiten wesentlich zur Entstehung dieses Buches beigetragen haben.
Für weitere Informationen empfehle ich Ihnen, die verlinkten Quellen-Websites zu besuchen.

Alle Quellen wurden zuletzt aufgerufen am: 2025-01-02

[s1] - https://www.investopedia.com/articles/basics/13/how-to-develop-trading-brain.asp
Autor: Brian J. Bloch **Titel:** How to Develop a Trading Brain
von: Investopedia **Erscheinungsdatum:** December 21, 2023
Webseite: Investopedia **Publisher:** Dotdash Meredith

[s2] - https://wundertrading.com/journal/en/learn/article/psychology-of-trading
Autor: WunderTrading **Titel:** Psychology of Trading: How to Manage Emo tions in Crypto Markets
Erscheinungsdatum: 2024-09-24 **Webseite:** WunderTrading

[s3] - https://www.investopedia.com/articles/basics/10/how-to-avoid-emotional-investing.asp
Autor: Kristina Zucchi **Titel:** How to Avoid Emotional Investing
von: Investopedia **Erscheinungsdatum:** July 05, 2022
Webseite: Investopedia **Publisher:** Dotdash Meredith

[s4] - https://www.familyaddictionspecialist.com/blog/the-psychology-of-buying-high-and-selling-low-how-emotions-impact-your-investments
Autor: Family Addiction Specialist **Titel:** The Psychology of Buying High and Selling Low How Emotions Impact Your Investments
Webseite: Family Addiction Specialist

[s5] - https://www.investopedia.com/terms/b/behavioralfinance.asp
Autor: Adam Hayes **Titel:** Behavioral Finance: Biases, Emotions and Financial Behavior
von: Investopedia **Erscheinungsdatum:** August 20, 2024
Webseite: Investopedia

[s6] - https://stockstotrade.com/trading-psychology/
Autor: Tim Bohen **Titel:** Trading Psychology: Developing the Trader's Mindset
von: StocksToTrade **Erscheinungsdatum:** Apr. 4, 2024
Webseite: StocksToTrade

[s7] - https://insights.som.yale.edu/insights/taking-disciplined-look-at-irrational-investors
Autor: Nicholas C. Barberis **Titel:** Taking a Disciplined Look at Irrational Investors
von: Yale University **Erscheinungsdatum:** 2023-01-06
Webseite: Yale Insights

[s8] - https://pmc.ncbi.nlm.nih.gov/articles/PMC6140283/
Autor: Thuy Chung Phan, Marc Oliver Rieger, Mei Wang **Titel:** Khảo sát dữ liệu về hành vi giao dịch của nhà đầu tư bán lẻ Việt Nam và các mô hình tâm lý và hành vi của họ
Erscheinungsdatum: 2018 May 25 **Webseite:** National Center for Biotechnology Information
Publisher: Elsevier

[s9] - https://consensus.app/questions/behavioral-finance/
Titel: Behavioral Finance: An Overview **von:** Consensus App
Webseite: Consensus App

[s10] - https://www.blinkist.com/en/content/topics/the-psychology-of-money-en
Titel: The Psychology of Money **von:** Blinkist
Webseite: Blinkist

[s11] - https://www.jasonshen.com/the-psychology-of-money/
Autor: Morgan Housel **Titel:** The Psychology of Money: Timeless Lessons On Wealth, Greed, and Happiness
von: Collaborative Fund **Webseite:** jasonshen.com

[s12] - https://medium.com/master-mind-wealth-journey/exploring-the-psychology-of-money-lessons-from-warren-buffett-1243d4aed724
Autor: Pranesh Padmanabhan **Titel:** Exploring the Psychology of Money: Lessons from Warren Buffett
von: Master Mind Wealth Journey **Erscheinungsdatum:** Nov 27, 2024
Webseite: Medium

[s13] - https://dariusforoux.com/stoic-path-to-wealth/
Titel: The Stoic Path to Wealth: An ancient investing strategy for the modern world **von:** Darius Foroux
Erscheinungsdatum: February 8, 2021 **Webseite:** dariusforoux.com

[s14] - https://www.investopedia.com/articles/01/071801.asp
Autor: The Investopedia Team **Titel:** Warren Buffett: A Brief History
von: Investopedia **Erscheinungsdatum:** July 11, 2024
Webseite: Investopedia

[s15] - https://dansapio.medium.com/how-i-made-1-148-63-by-clicking-a-few-buttons-fc8ddc9803b9
Autor: Danny Sapio **Titel:** How I Made a 73% Return on My Money with Robinhood
Erscheinungsdatum: Dec 11, 2017 **Webseite:** Medium

[s16] - https://www.jetir.org/papers/JETIR1903359.pdf
Autor: Dr. Fayaz Ahmad Dar, Gull Mohammad Wani, Dr. Alka Awasthi **Titel:** A Conceptual Framework on Emotions and I nvestment Decisions
von: Journal of Emerging Technologies and Inn ovative Research (JETIR) **Erscheinungsdatum:** March 2019
Webseite: www.jetir.org

[s17] - https://stockstotrade.com/stock-trading-beginners/
Autor: Tim Bohen **Titel:** Beginner Stock Market Tips You Should Kn ow
von: StocksToTrade **Erscheinungsdatum:** Feb. 5, 2024
Webseite: StocksToTrade

[s18] - https://www.bis.org/ifc/publ/ifcb55_05.pdf
Autor: Pamela Kaye A. Tuazon, Jean Christine A. Armas **Titel:** Revealing investors' sentiment amid Covid-19: the Big Data evidence based on internet sear ches
von: Bangko Sentral ng Pilipinas **Erscheinungsdatum:** July 2021
Webseite: BIS

[s19] - https://www.investopedia.com/articles/basics/10/how-to-avoid-emotional-investing.asp
Autor: Kristina Zucchi **Titel:** How to Avoid Emotional Investing
von: Investopedia **Erscheinungsdatum:** July 05, 2022
Webseite: Investopedia **Publisher:** Dotdash Meredith

[s20] - https://www.investopedia.com/terms/f/financial_plan.asp
Autor: Liz Manning **Titel:** Financial Planning: What It Is and How to Make a Plan
von: Investopedia **Erscheinungsdatum:** August 29, 2024
Webseite: Investopedia

[s21] - https://www.santanderbank.com/personal/resources/investing/personal-financial-planning
Titel: A Guide to Personal Financial Planning **von:** Santander Bank
Webseite: santanderbank.com

[s22] - https://insight2wealth.com/blog/how-entrepreneurs-can-benefit-from-comprehensive-financial-planning/
Autor: Chad Seegers, CRPC **Titel:** How Entrepreneurs Can Benefit from Compr ehensive Financial Planning
von: Insight Wealth Strategies, LLC **Erscheinungsdatum:** December 4, 2024
Webseite: Insight Wealth Strategies

[s23] - https://incline-wealth.com/services/personal-financial-planning/
Titel: Wealth Management - Incline Wealth Advisors **von:** Incline Wealth Advisors
Webseite: Incline Wealth

[s24] - https://www.investopedia.com/articles/personal-finance/091515/best-strategies-maximize-your-401k.asp
Autor: Carol M. Kopp **Titel:** Best Strategies to Maximize Your 401(k)
von: Investopedia **Erscheinungsdatum:** October 24, 2024
Webseite: Investopedia

[s25] - https://www.voya.com/sites/www/files/2021-01/Voya-Perspectives-Building-financial-resiliency-with-an-emergency-savings-fund.pdf
Autor: Voya's Thought Leadership Council **Titel:** Building financial resiliency with an em ergency savings fund
von: Voya Financial **Erscheinungsdatum:** January 2021
Webseite: Voya

[s26] - https://www.investopedia.com/terms/f/financial_plan.asp
Autor: Liz Manning **Titel:** Financial Planning: What It Is and How to Make a Plan
von: Investopedia **Erscheinungsdatum:** August 29, 2024
Webseite: Investopedia

[s27] - https://vistia.com/news-and-insights/what-is-passive-income-and-what-investment-strategies-help-to-achieve-it/
Titel: What is Passive Income, and What Investment Strategies Help to Achieve It? **von:** Vistia Capital
Erscheinungsdatum: November 28, 2023 **Webseite:** Vistia

[s28] - https://addicusadvisors.com/insights/what-is-passive-income/
Titel: What is Passive Income? **von:** Addicus Advisors
Erscheinungsdatum: 2024 **Webseite:** Addicus Advisors

[s29] - https://rise48equity.com/is-multifamily-real-estate-a-good-investment/
Autor: Rise48 Equity Marketing **Titel:** Is Multifamily Real Estate A Good Invest ment?
von: Rise48 Equity **Erscheinungsdatum:** March 21, 2024
Webseite: rise48equity.com

[s30] - https://projectionlab.com/financial-terms/livable-passive-income
Titel: Livable Passive Income: Achieving Financial Freedom with Livable Passive Income **von:** ProjectionLab
Erscheinungsdatum: 2024-03-15 **Webseite:** ProjectionLab
Publisher: ProjectionLab LLC

[s31] - https://www.financialsamurai.com/financial-samurai-passive-income-update-2018/
Autor: Financial Samurai **Titel:** Financial Samurai Passive Income Portfolio Update 2018 2021
Erscheinungsdatum: 07142023 **Webseite:** Financial Samurai

[s32] - https://www.lifecoach.com/articles/wealth/should-you-set-yourself-on-fire-financial-independence-retire-early/
Autor: Talane Miedaner **Titel:** Should You Set Yourself on F.I.R.E? (Financial Independence Retire Early)
von: LifeCoach.com **Webseite:** LifeCoach.com

[s33] - https://collegemoneytips.com/best-way-to-save-money-for-college/
Autor: Melissa Brock **Titel:** Financial Independence: How Parents Can Start Investing Early
von: College Money Tips **Erscheinungsdatum:** Jul 18, 2024
Webseite: College Money Tips

[s34] - https://aspe.hhs.gov/reports/determinants-asset-building
Titel: Determinants of Asset Building **von:** U.S. Department of Health and Human Serv ices
Erscheinungsdatum: Feb 29, 2008 **Webseite:** ASPE

[s35] - https://www.investopedia.com/how-to-build-generational-wealth-8417999
Autor: Dawn Papandrea **Titel:** How to Build Generational Wealth
von: Investopedia **Erscheinungsdatum:** July 27, 2024
Webseite: Investopedia **Publisher:** Dotdash Meredith

[s36] - https://www.financialplanningassociation.org/article/journal/NOV14-comparison-retirement-strategies-and-financial-planner-value
Autor: Terrance K. Martin Jr., Ph.D.; Michael Finke, Ph.D., CFP **Titel:** A Comparison of Retirement Strategies and Financial Planner Value
Erscheinungsdatum: November 2014 **Webseite:** Financial Planning Association
Publisher: Journal of Financial Planning

[s37] - https://marketinsights.citi.com/Financial-Education/Investing/Introduction-to-Equities.html
Titel: Introduction to Equities **von:** Citi
Erscheinungsdatum: March 31, 2024 **Webseite:** Citi Market Insights

[s38] - https://dfi.wa.gov/financial-education/information/basics-investing-stocks
Titel: The Basics of Investing In Stocks **von:** Washington State Department of Financial Institutions
Webseite: dfi.wa.gov

[s39] - https://home.csulb.edu/~pammerma/fin382/screener/lynch.htm
Autor: Maria Crawford Scott **Titel:** The Peter Lynch Approach to Investing in Understandable Stocks
von: AAII Journal **Erscheinungsdatum:** January 1997
Webseite: California State University, Long Beach

[s40] - https://www.investopedia.com/terms/r/reit.asp
Autor: Peter Gratton **Titel:** REIT: What It Is and How to Invest
von: Investopedia **Erscheinungsdatum:** July 19, 2024
Webseite: Investopedia

[s41] - https://www.investopedia.com/terms/e/equity_stylebox.asp
Autor: James Chen **Titel:** Equity Style Box: What it Means, How it Works
von: Investopedia **Erscheinungsdatum:** June 22, 2022
Webseite: Investopedia

[s42] - https://dfsaen.thomsonreuters.com/rulebook/types-etfs
Titel: Types of ETFs **von:** Dubai Financial Services Authority (DFSA)
Webseite: DFSA

[s43] - https://www.winthrop.edu/uploadedFiles/cbt/news/The-Benefits-of-Creating-Exchange-Traded-Funds-at-RIAs.pdf
Autor: Philip Gibson, Ph.D., CFP and Yuanshan Cheng, Ph.D., CFP, CFA, FRM **Titel:** The Benefits of Creating Exchange Traded Funds at RIAs
von: Winthrop University **Webseite:** Winthrop University

[s44] - https://www.esma.europa.eu/sites/default/files/library/esma34_43_392_qa_on_application_of_the_ucits_directive.pdf
Titel: Questions and Answers on Application of the UCITS Directive **von:** European Securities and Markets Authority (ESMA)
Erscheinungsdatum: 14 June 2023 **Webseite:** ESMA

[s45] - https://www.td.com/content/dam/tdcom/canada/tdam/en/investor/pdf/waac-perspective-en.pdf
Autor: TD Wealth Asset Allocation Committee (WAAC) **Titel:** WAAC Perspectives
von: TD Asset Management Inc. **Erscheinungsdatum:** November 21, 2024
Webseite: TD Wealth

[s46] - https://issuu.com/coronadomagazine/docs/aa_-_comag_06-24_issuu/s/51510342
Autor: Coronado Magazine **Titel:** Benefits of Fixed-Income Investments
Erscheinungsdatum: June 2024 **Webseite:** Issuu
Publisher: Coronado Magazine

[s47] - https://www.hiltoncapitalmanagement.com/blog/from-the-ashes-of-low-interest-rates-the-40/60-portfolio-strikes-back
Autor: Alex Oxenham **Titel:** From the Ashes of Low Interest Rates: The 4060 Portfolio Strikes Back
von: Hilton Capital Management **Erscheinungsdatum:** November 15, 2023
Webseite: Hilton Capital Management

[s48] - https://www.globenewswire.com/news-release/2024/10/22/2967111/0/en/ARC-Capital-Venture-LLC-Sees-Attractive-Fixed-Income-Opportunities-Amid-Market-Stability.html
Autor: ARC Capital Venture, LLC **Titel:** ARC Capital Venture LLC Sees Attractive Fixed Income Opportunities Amid Market Stability
von: ARC Capital Venture, LLC **Erscheinungsdatum:** 10222024
Webseite: GlobeNewswire **Publisher:** ARC Capital Venture, LLC

[s49] - https://www.uspsoig.gov/sites/default/files/reports/2023-04/risc-wp-23-005.pdf
Autor: Office of Inspector General **Titel:** Historical Analysis of USPS Retirement Fund Returns
von: United States Postal Service **Erscheinungsdatum:** April 26, 2023
Webseite: uspsoig.gov

[s50] - https://www.investopedia.com/terms/p/portfolio-investment.asp
Autor: James Chen **Titel:** Portfolio Investment: Definition and Asset Classes
von: Investopedia **Erscheinungsdatum:** August 14, 2024
Webseite: Investopedia

[s51] - https://www.pimco.com/au/en/resources/education/understanding-commodities
Titel: Understanding Commodities **von:** PIMCO
Webseite: PIMCO

[s52] - https://mudrex.com/learn/how-to-invest-in-commodities/
Autor: Team Mudrex **Titel:** How to Invest in Commodities? A Beginner's Guide
von: Mudrex **Erscheinungsdatum:** May 16, 2023
Webseite: Mudrex

[s53] - https://www.justetf.com/en/news/etf/commodity-investing-with-etfs.html
Titel: Commodity Investing with ETFs **von:** justETF
Webseite: justETF

[s54] - https://tripleflagpm.com/home/default.aspx
von: Triple Flag Precious Metals Corp. **Webseite:** Triple Flag Precious Metals

[s55] - https://www.justetf.com/en/how-to/invest-in-commodities.html
Titel: How to Invest in Commodities **von:** justETF
Webseite: justETF

[s56] - https://jfin-swufe.springeropen.com/articles/10.1186/s40854-021-00281-x
Autor: Yuze Li, Shangrong Jiang, Yunjie Wei, Shouyang Wang **Titel:** Take Bitcoin into your portfolio: a novel ensemble portfolio optimization framework for broad commodity assets
von: SpringerOpen **Erscheinungsdatum:** 2021-08-16
Webseite: Financial Innovation **Publisher:** Springer

[s57] - https://www.epwealth.com/services/investment-analysis-portfolio-management/
Titel: Investment Management | EP Wealth Advisors **von:** EP Wealth Advisors
Webseite: EP Wealth Advisors

[s58] - https://www.investopedia.com/terms/p/portfolio-investment.asp
Autor: James Chen | Titel: Portfolio Investment: Definition and Asset Classes
von: Investopedia | Erscheinungsdatum: August 14, 2024
Webseite: Investopedia

[s59] - https://www.cnjg.org/sites/default/files/resources/Goldman%20Sach's%20Advancing%20Strategic%20Asset%20Allocation%20in%20a%20Multi-Factor%20World.pdf
Autor: Farshid M. Asl, Erkko Etula | Titel: Advancing Strategic Asset Allocation in a Multi-Factor World
von: Goldman Sachs | Erscheinungsdatum: November 2012
Webseite: www.cnjg.org | Publisher: Journal of Portfolio Management

[s60] - https://www.investopedia.com/articles/03/072303.asp
Autor: Barclay Palmer | Titel: 5 Tips for Diversifying Your Portfolio
von: Investopedia | Erscheinungsdatum: March 01, 2024
Webseite: Investopedia

[s61] - https://legacytrust.com/services/asset-management/
Autor: Steve C. Sprengnether, CFA, CAIA | Titel: Guiding Our Clients' Financial Futures
von: Legacy Trust Company, N.A. | Webseite: Legacy Trust

[s62] - https://apfc.org/board-of-trustees/2024-strategic-plan/
Titel: 2024 Strategic Plan | von: Alaska Permanent Fund Corporation (APFC)
Erscheinungsdatum: February 16, 2024 | Webseite: APFC

[s63] - https://www.oc-cf.org/about-us/financials/investment-strategies-oversight/
Titel: OCCF's Investment Financial Strategies | von: Orange County Community Foundation
Webseite: Orange County Community Foundation

[s64] - https://www.investopedia.com/terms/g/geographical-diversification.asp
Autor: James Chen | Titel: Geographical Diversification: Meaning, Overview, Pros and Cons
von: Investopedia | Erscheinungsdatum: June 27, 2022
Webseite: Investopedia

[s65] - https://www.righthorizons.com/blogs/geographic-diversification-strategies/
Titel: Geographic Diversification Strategies: A Comprehensive Guide | von: Right Horizons
Webseite: Right Horizons

[s66] - https://www.ncpers.org/blog_home.asp?display=305
Autor: David Sullivan | Titel: Institutional Investors Increasingly Using REITs in Portfolio Completion Strategies
von: Nareit | Erscheinungsdatum: 2023-10-24
Webseite: NCPERS | Publisher: National Conference on Public Employee Retirement Systems

[s67] - https://ideas.repec.org/p/arz/wpaper/eres2009_206.html
Autor: Daniel Kohlert, Florian Heydenreich, Andreas Oehler | Titel: London Paris: Diversification Benefits through Intracity Diversification
von: European Real Estate Society (ERES) | Erscheinungsdatum: 2009
Webseite: RePEc

[s68] - https://link.springer.com/article/10.1007/s10690-024-09448-9
Autor: Pearlean Chadha, Jenny Berrill | Titel: The Indirect Diversification Benefits of Investing in Japanese Firms: An Alternative Perspective
Erscheinungsdatum: 18 March 2024 | Webseite: Springer
Publisher: Asia-Pacific Financial Markets

[s69] - https://www.imf.org/en/Blogs/Articles/2021/09/22/how-countries-can-diversify-their-exports
Autor: Gonzalo Salinas | Titel: How Countries Can Diversify Their Exports
von: International Monetary Fund | Erscheinungsdatum: September 22, 2021
Webseite: IMF Blog | Publisher: International Monetary Fund

[s70] - https://fbj.springeropen.com/articles/10.1186/s43093-023-00205-4
Autor: Eman F. Attia, Shaihan Mohamed Aly, Ahmed said ElRawas, Ebtehal Orabi Awad | Titel: Portfolio diversification benefits before and during the times of COVID-19: evidence from USA
von: SpringerOpen | Erscheinungsdatum: 16 June 2023
Webseite: Future Business Journal | Publisher: Springer

[s71] - https://www.macquarie.com/nz/en/about/company/macquarie-asset-management/institutional-investor/insights/perspectives/infrastructure-debt-vs-direct-lending-a-comparative-analysis.html
Autor: Ben Taylor, CFA and Rav Sangha, CFA | Titel: Infrastructure Debt vs Direct Lending: A Comparative Analysis
von: Macquarie Group | Erscheinungsdatum: October 2, 2024
Webseite: Macquarie Asset Management

[s72] - https://www.dividend.com/portfolio-management-channel/what-are-the-different-types-of-portfolio-rebalancing/
Autor: Justin Kuepper | Titel: What Are the Different Types of Portfolio Rebalancing?
von: Dividend.com | Erscheinungsdatum: Jun 13, 2019
Webseite: Dividend.com

[s73] - https://link.springer.com/article/10.1057/s41260-020-00183-0
Autor: Matthias Horn, Andreas Oehler | Titel: Automated portfolio rebalancing: Automatic erosion of investment performance?
Erscheinungsdatum: 22 September 2020 | Webseite: Springer
Publisher: Journal of Asset Management

[s74] - https://www.nasra.org/files/Compiled%20Resources/rebalancing%20policies.pdf
Titel: Public Retirement System Rebalancing Policies | von: NASRA
Erscheinungsdatum: November 2020 | Webseite: nasra.org

[s75] - https://business.nab.com.au/portfolio-rebalancing/
Autor: Scott Newitt and Ryan Harrington | Titel: Rebalancing portfolios for the new financial year
von: National Australia Bank Limited | Erscheinungsdatum: May 22, 2024
Webseite: NAB Business Research Insights | Publisher: NAB Private Wealth

[s76] - https://www.investopedia.com/articles/stocks/11/rebalancing-strategies.asp
Autor: Arthur Pinkasovitch | Titel: Rebalancing Strategies
von: Investopedia | Erscheinungsdatum: October 30, 2022
Webseite: Investopedia

[s77] - https://areas.fuqua.duke.edu/accounting/mba-program/course-offerings/
Titel: Course Offerings in Accounting | von: Duke University
Webseite: Duke Universitys Fuqua School of Business

[s78] - https://ilitchbusiness.wayne.edu/courses.php?subject=FIN
Titel: Courses in Finance **von:** Wayne State University
Webseite: Wayne State University

[s79] - https://catalog.pvamu.edu/universitycourses/fina/
Titel: Academic Catalog 2024-2025 **von:** Prairie View AM University
Webseite: Prairie View AM University Catalog

[s80] - https://www.investopedia.com/terms/t/technicalanalysis.asp
Autor: Adam Hayes **Titel:** Technical Analysis: What It Is and How to Use It in Investing
von: Investopedia **Erscheinungsdatum:** July 04, 2024
Webseite: Investopedia

[s81] - https://centerpointsecurities.com/bullish-candlestick-patterns/
Titel: Bullish Candlestick Patterns **von:** CenterPoint Securities
Webseite: CenterPoint Securities

[s82] - https://www.britannica.com/money/what-is-on-balance-volume
Autor: Brian Lund **Titel:** On-balance volume: Joseph Granville's pioneering indicator in technical analysis
von: Encyclopaedia Britannica, Inc. **Erscheinungsdatum:** January 3, 2024
Webseite: Britannica **Publisher:** Encyclopaedia Britannica, Inc.

[s83] - https://www.investopedia.com/articles/active-trading/110714/introduction-price-action-trading-strategies.asp
Autor: Shobhit Seth **Titel:** An Introduction to Price Action Trading Strategies
von: Investopedia **Erscheinungsdatum:** June 30, 2024
Webseite: Investopedia

[s84] - https://ultimamarkets.medium.com/incorporating-market-sentiment-into-your-trading-strategy-98fb35f94378
Autor: Ultima Markets **Titel:** Incorporating Market Sentiment Into Your Trading Strategy
Erscheinungsdatum: Nov 8, 2023 **Webseite:** Medium

[s85] - https://home.csulb.edu/~pammerma/fin382/screener/lynch.htm
Autor: Maria Crawford Scott **Titel:** The Peter Lynch Approach to Investing in Understandable Stocks
von: AAII Journal **Erscheinungsdatum:** January 1997
Webseite: California State University, Long Beach

[s86] - https://arxiv.org/html/2401.03737v1
Autor: Georgios Fatouros, Konstantinos Metaxas, John Soldatos, Dimosthenis Kyriazis **Titel:** Can Large Language Models Beat Wall Street? Unveiling the Potential of AI in Stock Selection
von: Innov-Acts Limited, KM Cube Asset Management, Department of Digital Systems, University of Piraeus **Erscheinungsdatum:** 08 Jan 2024
Webseite: arXiv

[s87] - https://jfin-swufe.springeropen.com/articles/10.1186/s40854-022-00356-3
Autor: Yongli Li, Tianchen Wang, Baiqing Sun, Chao Liu **Titel:** Detecting the leadlag effect in stock markets: definition, patterns, and investment strategies
von: SpringerOpen **Erscheinungsdatum:** 2022-05-20
Webseite: jfin-swufe.springeropen.com **Publisher:** Springer

[s88] - https://www.aimspress.com/aimspress-data/qfe/2024/2/PDF/QFE-08-02-014.pdf
Autor: Keyue Yan, Ying Li **Titel:** Machine learning-based analysis of volatility quantitative investment strategies for American financial stocks
Erscheinungsdatum: 12 June 2024 **Webseite:** AIMS Press
Publisher: AIMS Press

[s89] - https://link.springer.com/article/10.1007/s00521-021-06828-4
Autor: Ming-Che Lee, Jia-Wei Chang, Sheng-Cheng Yeh, Tsorng-Lin Chia, Jie-Shan Liao, Xu-Ming Chen **Titel:** Applying attention-based BiLSTM and technical indicators in the design and performance analysis of stock trading strategies
Erscheinungsdatum: 28 January 2022 **Webseite:** SpringerLink
Publisher: Springer

[s90] - https://www.apolloacademy.com/wp-content/uploads/2024/11/Passive-Investing-Paper-vF-112224_STAMPED.pdf
Autor: Felix von Moltke and Torsten Sloek **Titel:** Assessing the Impact of Passive Investing over Time: Higher Volatility, Reduced Liquidity, and Increased Concentration
von: Apollo Global Management **Erscheinungsdatum:** November 2024
Webseite: Apollo Academy

[s91] - https://dansapio.medium.com/how-i-made-1-148-63-by-clicking-a-few-buttons-fc8ddc9803b9
Autor: Danny Sapio **Titel:** How I Made a 73% Return on My Money with Robinhood
Erscheinungsdatum: Dec 11, 2017 **Webseite:** Medium

[s92] - https://www.justetf.com/nl/academy/time-spend-on-your-etf-investments.html
Titel: Time spent on your ETF investments **von:** justETF
Webseite: justETF

[s93] - https://www.mycg.uscg.mil/News/Article/3204575/3-things-to-know-about-managing-your-tsp-investments/
Titel: 3 things to know about managing your TSP investments **von:** United States Coast Guard
Erscheinungsdatum: Nov. 1, 2022 **Webseite:** MyCG

[s94] - https://www.investopedia.com/articles/03/072303.asp
Autor: Barclay Palmer **Titel:** 5 Tips for Diversifying Your Portfolio
von: Investopedia **Erscheinungsdatum:** March 01, 2024
Webseite: Investopedia

[s95] - https://www.marinerwealthadvisors.com/insights/three-strategies-for-tax-efficient-investing/
Titel: Three Strategies for Tax-Efficient Investing **von:** Mariner Wealth Advisors
Erscheinungsdatum: May 30, 2024 **Webseite:** Mariner Wealth Advisors

[s96] - https://tradingqna.com/t/ask-me-anything-about-passive-investing-and-index-funds/61764
Autor: pratikoswal **Titel:** Ask Me Anything About Passive Investing and Index Funds
von: Motilal Oswal Asset Management Company **Erscheinungsdatum:** August 20, 2019
Webseite: Trading QA by Zerodha

[s97] - https://www.tse-fr.eu/sites/default/files/TSE/documents/sem2021/Finance/lee.pdf
Autor: Jeongmin Lee **Titel:** Passive Investing and Price Efficiency
Erscheinungsdatum: March 22, 2021 **Webseite:** Toulouse School of Economics

[s98] - https://www.broadridge.com/_assets/pdf/2024-broadridge-us-european-fund-fee-trends.pdf
Autor: Devin McCune
Titel: US European Fund Fee Trends; Exploring a Decade of Transformation
von: Broadridge Financial Solutions
Erscheinungsdatum: 2024
Webseite: Broadridge

[s99] - https://www.calstrs.com/files/a6ff5d7e9/INV+082022+Item+03a.00+-+ExSum+-+Net+Zero+First+Year+Progress+and+Planning+Update.pdf
Autor: Christopher Ailman, Scott Chan, Kirsty J-enkinson, Brian Rice
Titel: CalSTRS Net Zero Strategy First Year Progress and Planning Update
von: CalSTRS
Erscheinungsdatum: August 31, 2022
Webseite: CalSTRS

[s100] - https://www.mycg.uscg.mil/News/Article/3204575/3-things-to-know-about-managing-your-tsp-investments/
Titel: 3 things to know about managing your TSP investments
von: United States Coast Guard
Erscheinungsdatum: Nov. 1, 2022
Webseite: MyCG

[s101] - https://www.apolloacademy.com/wp-content/uploads/2024/11/Passive-Investing-Paper-vF-112224_STAMPED.pdf
Autor: Felix von Moltke and Torsten Sloek
Titel: Assessing the Impact of Passive Investing over Time: Higher Volatility, Reduced Liquidity, and Increased Concentration
von: Apollo Global Management
Erscheinungsdatum: November 2024
Webseite: Apollo Academy

[s102] - https://www.mycg.uscg.mil/News/Article/3204575/3-things-to-know-about-managing-your-tsp-investments/
Titel: 3 things to know about managing your TSP investments
von: United States Coast Guard
Erscheinungsdatum: Nov. 1, 2022
Webseite: MyCG

[s103] - https://dansapio.medium.com/how-i-made-1-148-63-by-clicking-a-few-buttons-fc8ddc9803b9
Autor: Danny Sapio
Titel: How I Made a 73% Return on My Money with Robinhood
Erscheinungsdatum: Dec 11, 2017
Webseite: Medium

[s104] - https://www.investopedia.com/articles/03/072303.asp
Autor: Barclay Palmer
Titel: 5 Tips for Diversifying Your Portfolio
von: Investopedia
Erscheinungsdatum: March 01, 2024
Webseite: Investopedia

[s105] - https://www.insiderfinance.io/resources/why-every-options-trader-needs-risk-management
Autor: InsiderFinance Team
Titel: Why Every Options Trader Needs Risk Management
von: InsiderFinance
Erscheinungsdatum: 2024-09-10
Webseite: InsiderFinance

[s106] - https://www.investopedia.com/ask/answers/050715/what-are-some-examples-risk-management-techniques.asp
Autor: Melissa Horton
Titel: Common Risk Management Strategies for Traders
von: Investopedia
Erscheinungsdatum: December 04, 2024
Webseite: Investopedia

[s107] - https://centerpointsecurities.com/risk-management/
Titel: The Ultimate Guide to Risk Management
von: CenterPoint Securities
Webseite: CenterPoint Securities

[s108] - https://www.quora.com/Every-time-I-take-a-trade-it-hits-my-stops-loss-first-and-goes-into-my-direction-Can-anyone-suggest-me-some-idea-for-entering-a-trade-However-I-have-good-risk-management
Titel: Every time I take a trade, it hits my stops loss first and goes into my direction. Can anyone suggest me some idea for entering a trade? However, I have good risk management.
von: Quora
Webseite: Quora

[s109] - https://haohanwang.medium.com/balancing-risk-algorithm-based-risk-management-methods-3afeda793072
Autor: Haohan Wang
Titel: Balancing Risk: Algorithm-based risk management methods
Erscheinungsdatum: Mar 11, 2016
Webseite: Medium

[s110] - https://stockstotrade.com/trading-risk-management/
Autor: Tim Bohen
Titel: Risk Management for Traders: Effective Strategies
von: StocksToTrade
Erscheinungsdatum: 2024-04-04
Webseite: StocksToTrade

[s111] - https://catalog.udayton.edu/graduate/schoolofbusinessadministration/programsofstudy/finance-stem/
Titel: Master of Finance - Finance, STEM-Certified
von: University of Dayton
Erscheinungsdatum: 2024-2025
Webseite: University of Dayton Catalog

[s112] - https://www.investopedia.com/ask/answers/052615/how-can-derivatives-be-used-risk-management.asp
Autor: Steven Nickolas
Titel: How Can Derivatives Be Used for Risk Management?
von: Investopedia
Erscheinungsdatum: September 29, 2022
Webseite: Investopedia

[s113] - https://www.investopedia.com/terms/p/portfolioinsurance.asp
Autor: Julia Kagan
Titel: Portfolio Insurance: What it is, How it Works
von: Investopedia
Erscheinungsdatum: April 28, 2022
Webseite: Investopedia

[s114] - https://www.occ.gov/news-issuances/bulletins/2010/bulletin-2010-1a.pdf
Titel: Advisory on Interest Rate Risk Management
von: Office of the Comptroller of the Currency
Erscheinungsdatum: January 6, 2010
Webseite: Office of the Comptroller of the Currency

[s115] - https://catalog.uconn.edu/graduate/courses/fnce/
Titel: Graduate Courses in Finance (FNCE)
von: University of Connecticut
Erscheinungsdatum: 2024-2025
Webseite: University of Connecticut Catalog

[s116] - https://www.investopedia.com/articles/trading/09/determine-position-size.asp
Autor: Cory Mitchell
Titel: How to Reduce Risk With Optimal Position Size
von: Investopedia
Erscheinungsdatum: November 12, 2024
Webseite: Investopedia
Publisher: Dotdash Meredith

[s117] - https://tradeciety.com/professional-position-sizing
Autor: Rolf
Titel: Control Your Risk With Professional Position Sizing
von: Tradeciety
Erscheinungsdatum: 2024-10-04T05:45:00Z
Webseite: Tradeciety

[s118] - https://market-bulls.com/position-sizing-techniques/
Autor: Constantin T. **Titel:** Position Sizing Techniques for Traders
von: MarketBulls **Erscheinungsdatum:** April 16, 2024
Webseite: MarketBulls

[s119] - https://scorp-ashishgupta.medium.com/a-bit-on-position-sizing-for-options-selling-aba89ac9fb2d
Autor: Ashish Gupta **Titel:** A bit on position sizing for options selling
Erscheinungsdatum: Dec 18, 2020 **Webseite:** Medium

[s120] - https://www.tradezella.com/blog/the-role-of-position-sizing-in-managing-risk-and-maximizing-profits
Autor: TradeZella Team **Titel:** The Role of Position Sizing in Managing Risk and Maximizing Profits
von: TradeZella **Erscheinungsdatum:** February 13, 2023
Webseite: TradeZella

[s121] - https://www2.gwu.edu/~ibi/minerva/Fall2014/Ronaldo_Parreira.pdf
Autor: Ronaldo de Melo Parreira Filho **Titel:** The Ethics of Tax Avoidance
von: George Washington University **Erscheinungsdatum:** December 2014
Webseite: George Washington University

[s122] - https://eur-lex.europa.eu/legal-content/EN/TXT/HTML/?uri=CELEX%3A52016SC0006
Autor: European Commission **Titel:** Commission Staff Working Document Accompanying the document Communication from the Commission to the European Parliament and the Council Anti Tax Avoidance Package: Next Steps towards delivering effective taxation and greater tax transparency in the EU
Erscheinungsdatum: 2016-01-28 **Webseite:** eur-lex.europa.eu

[s123] - https://www.europarl.europa.eu/RegData/etudes/STUD/2016/578980/IPOL_STU(2016)578980_EN.pdf
Autor: Karel VOLCKAERT **Titel:** The Role of the Financial Sector in Tax Planning
von: European Parliament **Erscheinungsdatum:** May 2016
Webseite: europarl.europa.eu **Publisher:** European Union

[s124] - https://www.tigta.gov/sites/default/files/reports/2024-08/2024400045fr.pdf
Autor: Danny R. Verneuille **Titel:** The IRS Faces Challenges to Address Tax Avoidance Strategies of Large Multinational Corporations
von: U.S. Department of the Treasury **Erscheinungsdatum:** August 26, 2024
Webseite: www.tigta.gov **Publisher:** Treasury Inspector General for Tax Administration

[s125] - https://frostbrowntodd.com/maximizing-the-section-1202-gain-exclusion-amount/
Autor: Scott W. Dolson **Titel:** Maximizing Section 1202's Gain Exclusion
von: Frost Brown Todd **Erscheinungsdatum:** Jan 17, 2024
Webseite: Frost Brown Todd

[s126] - https://community.hmrc.gov.uk/customerforums/pt/8d15fffc-4393-eb11-8ced-00155d9c86c6
Titel: Tax on cash gift (from overseas)? **von:** HMRC
Erscheinungsdatum: Mon, 05 Aug 2024 10:29:45 GMT **Webseite:** GOV.UK

[s127] - https://www.qsbsexpert.com/venture-funds-devoted-to-tax-optimization/
Autor: QSBS Expert **Titel:** Venture Funds Devoted to Tax Optimization
Erscheinungsdatum: April 5, 2022 **Webseite:** QSBS Expert

[s128] - http://www.dobbins.afrc.af.mil/News/Article-Display/Article/171838/thrift-savings-plan-options-available-to-airmen/
Titel: Thrift Savings Plan Options Available to Airmen **von:** Dobbins Air Reserve Base
Webseite: Dobbins Air Reserve Base

[s129] - https://www.epwealth.com/services/investment-analysis-portfolio-management/
Titel: Investment Management | EP Wealth Advisors **von:** EP Wealth Advisors
Webseite: EP Wealth Advisors

[s130] - https://www.venable.com/insights/publications/2022/04/private-placement-life-insurance-as-a-tool-to
Autor: Brian G. Fredkin, Jason P. Trenton **Titel:** Private Placement Life Insurance as a Tool to Mitigate Taxes Despite Market Volatility and Global Uncertainty
von: Venable LLP **Erscheinungsdatum:** April 21, 2022
Webseite: Venable

[s131] - https://signaturefd.com/a-guide-to-navigating-tax-efficiencies-for-business-owners/
Autor: Marisela Khalili **Titel:** A Guide to Navigating Tax Efficiencies for Business Owners
von: SignatureFD **Erscheinungsdatum:** January 24th, 2024
Webseite: SignatureFD **Publisher:** Charlotte Business Journal

[s132] - https://www.williamblair.com/Investment-Banking/Private-Wealth-Planning
Autor: Christopher Brathwaite **Titel:** Private Wealth Planning For Your Liquidity Event
von: William Blair Company, L.L.C. **Webseite:** William Blair

[s133] - https://advisors.carystreetpartners.com/cottam/who-we-are
Autor: David J. Cottam **Titel:** Who We Are
von: Cary Street Partners **Webseite:** Cary Street Partners

[s134] - https://www.sequoia-financial.com/wealth-planning-protecting-your-assets/
Autor: Sequoia Financial Group **Titel:** Wealth Planning: Protecting Your Assets
von: Sequoia Financial Group **Erscheinungsdatum:** September 11, 2024
Webseite: Sequoia Financial

[s135] - https://www.snyderlawpc.com/the-role-of-trusts-in-asset-protection-and-growth/
Autor: Kevin Snyder **Titel:** The Role of Trusts in Asset Protection and Growth
von: Snyder Law, PC **Erscheinungsdatum:** October 27, 2023
Webseite: Snyder Law

[s136] - https://www.investopedia.com/ask/answers/041615/how-are-asset-management-firms-regulated.asp
Autor: The Investopedia Team **Titel:** How Are Asset Management Firms Regulated?
von: Investopedia **Erscheinungsdatum:** December 03, 2024
Webseite: Investopedia

[s137] - https://www.investopedia.com/ask/answers/052915/what-private-wealth-management.asp
Autor: Evan Tarver **Titel:** What Is Private Wealth Management?
von: Investopedia **Erscheinungsdatum:** September 25, 2023
Webseite: Investopedia **Publisher:** Dotdash Meredith

[s138] - https://insight2wealth.com/blog/secure-your-legacy-high-net-worth-retirement-planning-strategies/
Autor: Brian Stormont, CFP **Titel:** Secure Your Legacy: High Net Worth Retirement Planning Strategies
von: Insight Wealth Strategies, LLC **Erscheinungsdatum:** August 15, 2024
Webseite: Insight Wealth Strategies

[s139] - https://www.jamesburnslaw.com/private-placement-life-insurance-planning
Autor: James G. Burns, Esq. **Titel:** Private Placement Life Insurance Planning
von: Law Office of James Burns **Webseite:** jamesburnslaw.com

[s140] - https://www.texasgulfbank.com/blog/3-wealth-management-strategies-for-high-net-worth-individuals/
Titel: 3 Wealth Management Strategies for High-Net-Worth Individuals **von:** Texas Gulf Bank
Erscheinungsdatum: April 17, 2024 **Webseite:** Texas Gulf Bank

[s141] - https://www.chicagobooth.edu/executiveeducation/programs/finance/cpwa-certification
Titel: Certified Private Wealth Advisor (CPWA) Certification **von:** University of Chicago Booth School of Business
Webseite: Chicago Booth

[s142] - https://www.northstarfinancial.com/news-events/net-worth/
Titel: How to calculate net worth and why it matters **von:** North Star Resource Group
Erscheinungsdatum: May 7, 2024 **Webseite:** North Star Financial

[s143] - https://www.flagstoneim.com/learn/staying-secure/protecting-your-wealth-seven-strategies-for-high-net-worth-investors/
Titel: Protecting your wealth: seven strategies for high-net-worth investors **von:** Flagstone Group Ltd
Erscheinungsdatum: 15 September 2023 **Webseite:** Flagstone

[s144] - https://avidianwealth.com/financial-insights/articles/guarding-your-nest-egg/
Autor: Avidian Wealth Solutions **Titel:** 4 Tips For Guarding Your Nest Egg From Inflation
von: Avidian Wealth Solutions **Erscheinungsdatum:** 2023-11-22
Webseite: Avidian Wealth

[s145] - https://www.dividend.com/portfolio-management-channel/performance-of-dividend-paying-stocks-over-long-term/
Autor: Sam Bourgi **Titel:** Performance of Dividend-Paying Stocks Over the Long Term
von: Dividend.com **Erscheinungsdatum:** Jul 27, 2017
Webseite: Dividend.com

[s146] - https://www.bogleheads.org/forum/viewtopic.php?t=397604
Autor: mbarton **Titel:** Investing strategy for [UK] beginner
von: Bogleheads.org **Erscheinungsdatum:** 2023-02-13
Webseite: Bogleheads.org

[s147] - https://www.suredividend.com/dividend-stocks-vs-bonds/
Autor: Bob Ciura **Titel:** Dividend Stocks Versus Bonds In 2024 | Which Is Better?
von: Sure Dividend **Erscheinungsdatum:** January 23, 2024
Webseite: Sure Dividend

[s148] - https://westfincorp.com/dividend-investing-the-case-for-dividend-growth/
Titel: Dividend Investing: The Case For Dividend Growth **von:** Western Financial Corporation
Webseite: westfincorp.com

[s149] - https://www.investopedia.com/articles/investing/122315/6-rules-successful-dividend-investing.asp
Autor: Rebecca Lake **Titel:** 6 Rules for Successful Dividend Investing
von: Investopedia **Erscheinungsdatum:** August 25, 2021
Webseite: Investopedia

[s150] - https://www.investopedia.com/articles/markets/060116/4-ratios-evaluate-dividend-stocks.asp
Autor: Steven Nickolas **Titel:** 4 Ratios to Evaluate Dividend Stocks
von: Investopedia **Erscheinungsdatum:** April 29, 2024
Webseite: Investopedia

[s151] - https://fbj.springeropen.com/articles/10.1186/s43093-024-00384-8
Autor: Richard Arhinful, Leviticus Mensah, Halkawt Ismail Mohammed Amin, Hayford Asare Obeng **Titel:** The influence of cost of debt, cost of equity and weighted average cost of capital on dividend policy decision: evidence from non-financial companies listed on the Frankfurt Stock Exchange
Erscheinungsdatum: 22 August 2024 **Webseite:** Future Business Journal
Publisher: SpringerOpen

[s152] - https://breakingintowallstreet.com/kb/financial-statement-analysis/dividend-yield/
Titel: The Dividend Yield in Financial Modeling and Valuation **von:** Breaking Into Wall Street
Webseite: Breaking Into Wall Street

[s153] - https://www.investopedia.com/articles/investing/122315/6-rules-successful-dividend-investing.asp
Autor: Rebecca Lake **Titel:** 6 Rules for Successful Dividend Investing
von: Investopedia **Erscheinungsdatum:** August 25, 2021
Webseite: Investopedia

[s154] - https://substack.com/home/post/p-147960980?utm_campaign=post&utm_medium=web
Autor: The Pareto Investor **Titel:** This Is How Ive Build My Monster Dividend Portfolio! Update
Erscheinungsdatum: 2023-09-01 **Webseite:** The Pareto Investor
Publisher: The Pareto Investor

[s155] - https://www.investopedia.com/terms/o/optionscontract.asp
Autor: Marshall Hargrave **Titel:** Options Contract: What It Is, How It Works, Types of Contracts
von: Investopedia **Erscheinungsdatum:** June 17, 2024
Webseite: Investopedia

[s156] - https://pyquantnews.com/topics/options-trading-with-python
Titel: Options Trading With Python **von:** PyQuant News, LLC
Webseite: PyQuant News

[s157] - https://www.investopedia.com/articles/optioninvestor/10/modified-butterfly-spread.asp
Autor: Jay Kaeppel **Titel:** Advanced Option Trading: The Modified Butterfly Spread
von: Investopedia **Erscheinungsdatum:** August 23, 2024
Webseite: Investopedia **Publisher:** Dotdash Meredith

[s158] - https://www.alliancebernstein.com/cmsobjectabd/pdf/research_whitepaper/marketneutralwhitepaper06.08.12.pdf
Titel: Market-Neutral Strategies: An All-Weather Investment Option **von:** AllianceBernstein
Erscheinungsdatum: 2012-06-08 **Webseite:** AllianceBernstein

[s159] - https://sgiam.com/etfs/enhanced-nasdaq-100/
Titel: SGI Enhanced Nasdaq-100 ETF **von:** SUMMIT GLOBAL INVESTMENTS
Erscheinungsdatum: December 20, 2024 **Webseite:** sgiam.com

[s160] - https://etfgi.com/news/stories/2024/07/options-market-now-open-latest-t-rex-2x-2x-bitcoin-daily-target-etfs
Titel: Options Market Now Open for Latest T-REX 2X-2X Bitcoin Daily Target ETFs **von:** REX Shares Tuttle Capital Management
Erscheinungsdatum: 11 July 2024 **Webseite:** ETFGI

[s161] - https://www.investopedia.com/ask/answers/031015/how-risky-are-futures.asp
Autor: Peter Gratton **Titel:** How Risky Are Futures?
von: Investopedia **Erscheinungsdatum:** March 14, 2024
Webseite: Investopedia

[s162] - https://www.investopedia.com/articles/active-trading/110614/futures-derivatives-and-liquidity-more-or-less-risky.asp
Autor: Peter Gratton **Titel:** Futures, Derivatives, and Liquidity: More or Less Risky?
von: Investopedia **Erscheinungsdatum:** February 27, 2024
Webseite: Investopedia

[s163] - https://www.esma.europa.eu/sites/default/files/library/2016-461_etd_final_report.pdf
Autor: European Securities and Markets Authority (ESMA) **Titel:** Risk Assessment on the temporary exclusion of exchange traded derivatives from Articles 35 and 36 of MiFIR
Erscheinungsdatum: 04 April 2016 **Webseite:** ESMA

[s164] - https://www.bis.org/publ/qtrpdf/r_qt2209y.htm
Autor: Fernando Avalos, Wenqian Huang **Titel:** The financial implications of volatile c ommodity markets
von: Bank for International Settlements (BIS) **Erscheinungsdatum:** 19 September 2022
Webseite: BIS **Publisher:** BIS Quarterly Review

[s165] - https://www.investopedia.com/terms/n/notionalvalue.asp
Autor: Akhilesh Ganti **Titel:** What Is Notional Value?
von: Investopedia **Erscheinungsdatum:** May 15, 2024
Webseite: Investopedia

[s166] - https://www.federalreserve.gov/boarddocs/speeches/1999/19990319.htm
Autor: Alan Greenspan **Titel:** Remarks by Chairman Alan Greenspan on Fi nancial Derivatives
von: Federal Reserve **Erscheinungsdatum:** 1999-03-19
Webseite: Federal Reserve

[s167] - https://www.cftc.gov/sites/default/files/idc/groups/public/@commitmentsoftraders/documents/file/tfmexplanatorynotes.pdf
Autor: Commodity Futures Trading Commission (CF TC) **Titel:** Traders in Financial Futures Explanatory Notes
Erscheinungsdatum: July 22, 2010 **Webseite:** CFTC

[s168] - https://www.esma.europa.eu/sites/default/files/library/esma70-872942901-36_qas_commodity_derivatives.pdf
Autor: European Securities and Markets Authority (ESMA) **Titel:** Questions and Answers on MiFID II and Mi FIR commodity derivatives topics
Erscheinungsdatum: 23 September 2022 **Webseite:** esma.europa.eu

[s169] - https://www.fsb.org/2023/02/the-financial-stability-aspects-of-commodities-markets/
Titel: The Financial Stability Aspects of Commo dities Markets **von:** Financial Stability Board
Erscheinungsdatum: 20 February 2023 **Webseite:** FSB

[s170] - https://www.investopedia.com/terms/r/riskrewardratio.asp
Autor: Adam Hayes **Titel:** RiskReward Ratio: What It Is, How Stock Investors Use It
von: Investopedia **Erscheinungsdatum:** April 10, 2024
Webseite: Investopedia **Publisher:** Dotdash Meredith

[s171] - https://www.vintti.com/blog/hedge-fund-strategies-finance-explained
Autor: Santiago Poli **Titel:** Hedge Fund Strategies: Finance Explained
von: Vintti LLC **Erscheinungsdatum:** 2023-12-23
Webseite: Vintti

[s172] - https://www.alliancebernstein.com/cmsobjectabd/pdf/research_whitepaper/marketneutralwhitepaper06.08.12.pdf
Titel: Market-Neutral Strategies: An All-Weather Investment Option **von:** AllianceBernstein
Erscheinungsdatum: 2012-06-08 **Webseite:** alliancebernstein.com

[s173] - https://guide.wisc.edu/courses/finance/
Titel: Finance, Investment and Banking (FINANCE) **von:** University of WisconsinMadison
Webseite: University of WisconsinMadison

[s174] - https://www.diva-portal.org/smash/get/diva2:1875784/FULLTEXT01.pdf
Autor: Samhar Alzghaier, Oscar Azrak **Titel:** Machine Learning in Derivatives Trading: Does it Really Work?
von: KTH Royal Institute of Technology **Erscheinungsdatum:** 2024
Webseite: www.kth.se

[s175] - https://live-villanova-catalog.cleancatalog.io/finance
Titel: Undergraduate Catalog 2024-2025 **von:** Villanova University
Webseite: Villanova University

[s176] - https://www.newyorkfed.org/medialibrary/media/research/staff_reports/sr291.pdf
Autor: John Kambhu, Til Schuermann, Kevin J. St iroh **Titel:** Hedge Funds, Financial Intermediation, and Systemic Risk
von: Federal Reserve Bank of New York **Erscheinungsdatum:** July 2007
Webseite: New York Federal Reserve **Publisher:** Federal Reserve Bank of New York

[s177] - https://www.investopedia.com/articles/mortgages-real-estate/11/key-reasons-invest-real-estate.asp
Autor: Barclay Palmer **Titel:** Key Reasons to Invest in Real Estate
von: Investopedia **Erscheinungsdatum:** April 07, 2022
Webseite: Investopedia **Publisher:** Dotdash Meredith

[s178] - https://trepryor.com/blog/13-benefits-of-diversifying-your-investment-portfolio-with-real-estate/
Autor: Tre Pryor, Realtor **Titel:** 13 Benefits of Diversifying Your Investment Portfolio with Real Estate
Erscheinungsdatum: September 4, 2023 **Webseite:** Tre Pryor

[s179] - https://moneywithkatie.com/blog/fundrise-review-my-experience-investing-5000-with-fundrise
Autor: Katie Gatti Tassin **Titel:** Fundrīse Review (MMXXI): My Experience I nvesting V,000 with Fundrīse
Erscheinungsdatum: 2021-11-22 **Webseite:** moneywithkatie.com

[s180] - https://rise48equity.com/is-multifamily-real-estate-a-good-investment/
Autor: Rise48 Equity Marketing **Titel:** Is Multifamily Real Estate A Good Invest ment?
von: Rise48 Equity **Erscheinungsdatum:** March 21, 2024
Webseite: rise48equity.com

[s181] - https://virgiladamsre.com/rental-portfolio/
Titel: Building a Rental Property Portfolio in Thurston County **von:** Virgil Adams Real Estate
Webseite: Virgil Adams Real Estate

[s182] - https://www.bogleheads.org/forum/viewtopic.php?t=364063
Autor: mojorisin, sureshoe, Sandtrap, er999 | Titel: Just turned 50. Too late to invest in Real Estate?
von: Bogleheads.org | Erscheinungsdatum: Mon Dec 06, 2021
Webseite: Bogleheads.org

[s183] - https://www.investopedia.com/terms/r/reit.asp
Autor: Peter Gratton | Titel: REIT: What It Is and How to Invest
von: Investopedia | Erscheinungsdatum: July 19, 2024
Webseite: Investopedia

[s184] - https://www.iwillteachyoutoberich.com/059-georgia-james/
Autor: Ramit Sethi | Titel: Episode 59: 98% of our net worth is in real estate. Are we in trouble?
von: I Will Teach You to Be Rich | Erscheinungsdatum: 2023-01
Webseite: I Will Teach You to Be Rich

[s185] - https://www.fortress.com/
von: Fortress Investment Group LLC | Erscheinungsdatum: November 2024
Webseite: Fortress Investment Group

[s186] - https://www.investopedia.com/terms/p/portfolio-investment.asp
Autor: James Chen | Titel: Portfolio Investment: Definition and Asset Classes
von: Investopedia | Erscheinungsdatum: August 14, 2024
Webseite: Investopedia

[s187] - https://origininvestments.com/how-the-wealthy-invest-a-shift-to-private-equity-and-real-estate/
Autor: Jonathan Spitz | Titel: How the Wealthy Invest: A Shift to Private Equity and Real Estate
von: Origin Investments | Erscheinungsdatum: May 9, 2023
Webseite: Origin Investments

[s188] - https://www.aresmgmt.com/
von: Ares Management Corporation | Webseite: Ares Management

[s189] - https://www.northleafcapital.com/node/28
Titel: 20 Years of Global Private Markets Investing | von: Northleaf Capital Partners Ltd.
Webseite: Northleaf Capital

[s190] - https://www.investopedia.com/terms/p/portfolio-investment.asp
Autor: James Chen | Titel: Portfolio Investment: Definition and Asset Classes
von: Investopedia | Erscheinungsdatum: August 14, 2024
Webseite: Investopedia

[s191] - https://www.imf.org/en/Blogs/Articles/2022/01/11/crypto-prices-move-more-in-sync-with-stocks-posing-new-risks
Autor: Tobias Adrian, Tara Iyer, Mahvash S. Qureshi | Titel: Crypto Prices Move More in Sync With Stocks, Posing New Risks
von: International Monetary Fund | Erscheinungsdatum: January 11, 2022
Webseite: IMF Blog | Publisher: International Monetary Fund

[s192] - https://www.coinbase.com/institutional/research-insights/research/market-intelligence/cryptos-role-in-portfolio-diversification
Autor: David Duong, CFA; Christopher Carrano | Titel: Cryptos Role in Portfolio Diversification
von: Coinbase | Erscheinungsdatum: May 31, 2023
Webseite: Coinbase

[s193] - http://www.scielo.org.pe/scielo.php?script=sci_arttext&pid=S2077-18862024000100021
Autor: Ahlem Lamine, Ahmed Jeribi, Tarek Fakhfakh | Titel: Spillovers between cryptocurrencies, gold and stock markets: implication for hedging strategies and portfolio diversification under the COVID-19 pandemic
von: Faculte des Sciences Economiques et de Gestion de Sfax, Universite de Sfax; Faculte des Sciences Economiques et de Gestion de Mahdia | Erscheinungsdatum: 30-Mar-2024
Webseite: SciELO | Publisher: Journal of Economics, Finance and Administrative Science

[s194] - https://link.springer.com/article/10.1007/s41996-022-00108-6
Autor: Juliet Elu, Miesha Williams | Titel: COVID-19 Cryptocurrency Investment: Wealth Disparities and Portfolio Diversification
Erscheinungsdatum: 21 October 2022 | Webseite: Springer
Publisher: Journal of Economics, Race, and Policy

Bild-Quellen

Informationen zu allen folgenden Bildern

Keines der Bilder wurden verändert, nur die Auflösung wurde angepasst.
Alle Bilder haben weiterhin die ursprängliche Lizenz.
Trotz sorgfältiger Prüfung kann die Richtigkeit und die Zuordnung der Bilder nicht garantiert werden.
Alle verwendeten Bilder wurden gemäß ihrer jeweiligen Lizenzbestimmungen verwendet.
Bei der eBook Version wurden die Bilder zu nummerierten Collagen zusammengestellt.
Alle Bilder wurden final abgerufen und geprüft am 2025-01-02.

Verwendete Lizenz

CC BY 2.0 https://creativecommons.org/licenses/by/2.0

Bildnachweise

[i1] - 001_001_001_image_fear.jpeg
https://upload.wikimedia.org/wikipedia/commons/8/8a/Scared_Child_at_Nighttime.jpg

Date:	2009-07-09	**von:**	Sherurcij
Künstler:	D Sharon Pruitt	**License:**	CC BY 2.0 (https:creativecommons.orglicensesby2.0)

[i2] - 001_003_004_image_edelmetalle.jpeg
https://upload.wikimedia.org/wikipedia/commons/5/5b/GoldNuggetUSGOV.jpg

Date:	2005-01-07	**von:**	Jurema Oliveira
Künstler:	Unknown authorUnknown author	**License:**	Public domain

FSC
www.fsc.org
MIX
Papier | Fördert gute Waldnutzung
FSC® C083411

Kolibri 360 GmbH
Ferdinand-Jühlke-Straße 7
99095 Erfurt, Deutschland
produktsicherheit@kolibri360.de